論理的な人の27の思考回路

人生やビジネスの正解を選ぶための解法チャート

TRAIN OF THOUGHT

北村良子

フォレスト出版

まえがき

回 パズルを解くことは論理力を鍛えること

　近年、論理的思考(ロジカルシンキング)の関連書籍が多数出版され、ビジネスの必須スキルであるかのように、当たり前に求められる能力になりました。ところが、論理的思考は苦手だとか、ロジックツリーだとか演繹法だとか、難しそうな言葉が出てきてよくわからないという方も多いでしょう。もし、それだけで避けているとしたら、もったいないことです。
　ついお勉強のように構えてしまいがちな論理的思考ですが、基本はもっと簡単な、身近なところにあります。
　たとえば、こんな会話をどう考えますか？

　A「ショートケーキを買いに行ったんだ。それで、チョコレートケーキを買ったよ」
　B「なぜ？」
　A「甘いものが食べたかったからさ」

　この、Aさんの言動を「ふむふむ、なるほど」と何の疑問もはさまずに受け入れてしまう人は少ないでしょう。なぜなら、論理的に考えておかしいからです。当然ですが、ショートケーキは甘いスイーツです。ですから、ショートケーキではなくチョコレートケーキを購入

した理由として、「甘いものが食べたかった」では理由になりません。これでは、Bさんは納得しません。

　では、何と言えばBさんに「なるほど」と思わせるセリフになるでしょうか。少し考えてみてください。

　おそらく「チョコレートが食べたかった」「なんとなく」「10％割引だった」などの理由が浮かぶでしょう。

　こんな身近なことでも、論理的思考がなければまともなコミュニケーションがとれないことがわかります。

　本書では、論理的思考を体感し、身につけるための道具としてパズルを利用しています。

　私はパズル作家として数万以上のパズルをつくり、多くの思考パターンと向き合ってきましたが、パズルは身近にあるエンターテインメントでありながら、論理的思考を身につけるツールとして優れています。

　なぜなら、パズルを解く際は「理由」→「結論」という論理的なステップを踏まなければならないからです。「理由」は、今までに培ってきた知恵の中から見つけださなければならず、なおかつ論理的に矛盾がないことが必須となります。

　もちろん、これはほかのあらゆる問題を解くときと同様のステップではありますが、パズルはそれらの多くの問題がとらえやすく示されています。

　しかも、遊び感覚で挑めるので、突飛な発想へ対する心のブレーキを外しやすくなり、思考の幅は自然に広がります。

　だからこそ、パズルを解くことで論理的な思考力が高まるのです。もしわからなくても、答えを見てその論理をたどることで新たな思考回路がインプットされます。

パズルが解けるからといって、生活やビジネスにすぐに役立つとは思えないかもしれません。しかし、パズルを解く際、私たちは自分が思う以上に脳のあちこちを活性化させ、知恵をひねっています。
　論理的思考ができるようになると、仕事の効率が上がったり、新しい発想を生み出せたり、ミスを防ぐことができたりと、身につけた人に多くの恩恵を与えます。

なぜ4000年もパズルは人々に親しまれてきたのか？

　パズルは問題さえ用意できればどこでも、何人でも楽しむことができ、それ自体が論理力をはじめさまざまな能力を高めることから、大昔から楽しまれてきました。その歴史は紀元前にまでさかのぼり、人々の知的好奇心を満たしてきたのです。
　有名な魔方陣は今から4000年前には存在したとされています。一見、複雑かつ無秩序に見えながらも、論理的に整った美しさから、作品にその姿を表現する芸術家も現れるほど人々を魅了したといいます。
　古代エジプトの数学書にもさまざまなパズル的な問題が掲載されていたようです。時代をずっと進めていくと、パズルもどんどんと進化を続け、今も高い人気を誇るクロスワードパズルやナンバープレースなど、多くの人気者たちを生み出していきます。
　試しに論理力を必要とする2つのパズルを用意しました。まずは楽しんでみてください。

魔方陣パズル

9つのマスに1～9の数字が1つずつ入ります。タテ、ヨコ、ナナメに連続した3マスの合計がすべて同じになるように、空いているマスに数字を入れて下さい。

☞答えは8ページ

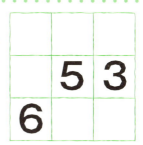

ナンバープレース

次のルールに従って、すべてのマスを埋めてください。
- 太線のブロックに1～9の数字が1つずつ入ります。
- ヨコの行に1～9の数字が1つずつ入ります。
- タテの列に1～9の数字が1つずつ入ります。

4	8					9		3
			5	2	4			
7				9				5
	4		9		1		7	
	7	9		5		6	8	
	8		7		3		4	
6				4				7
			1	7	5			
9		7				1		4

☞答えは8ページ

🔲 脳は誰でもアップグレードできる

　さて、古来より知的好奇心を満たすツールとして楽しまれているもので、ジレンマやパラドックスがあります。
　ジレンマは「板挟み」という意味で、身近な例では次のようなものがあげられます。
　Aさんはダイエットを決意して、甘いものを食べないと決めました。しかしそんなときに、家族が期間限定のAさん好みのケーキを買ってきました。ダイエット中ですが食べてしまうか、我慢するか？
　このようなジレンマは日常にもビジネスにも多数存在しますね。「あっちを立てればこっちが立たず」という、まさに板挟み状態の中間管理職の方もいらっしゃるでしょう。
　次にパラドックスを見てみましょう。
　たとえば、「この文章は誤りです」というたった9文字の文章を考えてみてください。きっと、矛盾した文章であると気がつくはずです。
　もし、「この文章は誤りです」が真実ならば、その文章は誤りのはずですが、確かに誤りであるという真実を語ってしまっています。
　反対に、「この文章は誤りです」が嘘ならば、その文章は嘘をついているはずですから、真実を語っていなければいけないはずです。
　どちらを考えても矛盾してしまい、一向に正しい方向に向かうことができません。
　ジレンマとパラドックスとパズルは頭を使って解くという点では共通しています。それぞれの違いは、悩みながら自分なりの答えを出す

ものがジレンマ、矛盾が存在したり、思いがけない答えにたどり着いたりと、受け入れ難い結果が現れるものがパラドックス、論理的な思考で脳の全体を指揮し、誰もが納得できる答えにたどり着く、またその過程を楽しむものがパズルといったところでしょうか。

それぞれ、脳を活性化し、論理力を鍛え、脳に多くの神経回路をつくりこむことができる点で優れています。

本書では、この中のパズルを掘り下げ、そこからさまざまな能力を向上させられるように構成されています。

第ⅰ部では、「頭がいいとは何か？」を入り口に、論理力にプラスすべき8つの能力と7つの解法セオリーについて解説しています。自分の脳の構造や癖を知り、何が必要で何が苦手なのかを整理することができるでしょう。

第ⅱ部では、実際にパズルに挑戦し、脳に次々と新しい思考回路をインプットしていきます。脳は、無数の神経を網の目のように張りめぐらせて、そこに電気信号を送り込むことで思考やひらめきを可能にしています。新たな思考回路を身につけることで、神経の網の目を物理的に増やし、太くしていきます。

そして本書の最大の特徴は、思考回路（チャート）を視覚的に追うところです。答えまでの道筋はもちろん、間違った道筋も記されていますので、自分がどこでつまずいたのか一目瞭然になります。

ぜひ、本書を読み、パズルに挑戦することで、あなたの脳をアップグレードしてください。

☞ 魔方陣パズル答え

2	9	4
7	5	3
6	1	8

☞ ナンバープレース答え

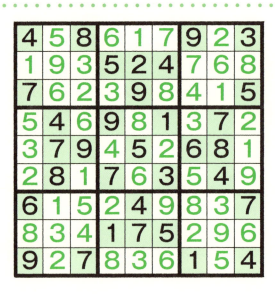

もくじ　論理的な人の27の思考回路

まえがき ────────────────────────── 002

第ⅰ部
論理力を磨く
8つの能力と7つのセオリー ───── 013

第ⅱ部
新しい思考回路のつくり方 ───────── 037

論理力＋推理力
01　点数と解答 ────────────────── 038
比較するスキルが足りないと人は重大な選択から逃げる

論理力＋問題解決力
02　展示場所をめぐって ──────────── 046
一見複雑に見えるものほどシンプルに考える

論理力＋発想力
03　天秤パズル　初級 ──────────── 053
自分の中の天秤の精度を上げる

04　天秤パズル　中級 ──────────── 057
共通点は天秤にとっても人間にとっても重要

05　天秤パズル　上級 ━━━━━━━ 061
バイアスを外す練習

論理力＋空間認識力・イメージ力

06　間違い探し　初級 ━━━━━━━ 069
メンタリストは間違い探しが得意!?

07　間違い探し　中級 ━━━━━━━ 073
全体へ向けるもの、細部へ向けるものという2つの視点

08　展開図　初級1 ━━━━━━━━ 078
記憶の達人と空間認識力・イメージ力の関係とは？

09　展開図　初級2 ━━━━━━━━ 082
自分の進行方向に地図の向きを合わせる人、合わせない人

10　ブロックカウント　初級 ━━━━━━ 086
一定の束縛があるからこそ、人はかろうじて人である

11　ブロックカウント　中級 ━━━━━━ 090
なぜ、見えるはずのないものが見える人がいるのか？

論理力＋言語力

12　天使と悪魔　初級 ━━━━━━━━ 095
悪魔を悪魔的にそそのかす

13　天使と悪魔　中級 ━━━━━━━━ 100
真実も語れば嘘も語るやっかいな人間という存在

14　天使と悪魔　上級 ━━━━━━━━ 105
悪魔も天使も同じことを言ってしまう質問とは？

15　漢字バラバラパズル ──────── 111
物事をテキパキと進められる人、混乱する人がわかるパズル

16　同じ部首で熟語パズル ──────── 117
頭のいい人、悪い人のボールの数と種類

17　同じ文字で言葉パズル ──────── 124
誰でもできるものはスピードが命

論理力＋判断力

18　4つの数字　初級 ──────── 127
思考のループから脱出する知恵

19　4つの数字　上級 ──────── 132
同じものでも、別の角度から眺めると表情が変わる

20　ヘキサム　初級 ──────── 136
名前をつけたとたんに生命が宿る

21　ヘキサム　中級 ──────── 140
情報社会を上手に生きる知恵とは？

論理力＋多角的思考力

22　帽子パズル　初級 ──────── 145
人は相手の気持ちを考えることができる特殊な生き物

23　帽子パズル　中級 ──────── 149
相手の立場になって考えるコツ

24　マッチ棒パズル　上級 1 ──────── 154
頭が硬い人は絶対に解けないパズル

25　マッチ棒パズル　上級2 ──────── 158
制約があるからこそ、人生もパズルも面白い

論理力＋試行錯誤力・積み上げ思考力

26　砂時計パズル ──────────────── 163
マルチタスクを上手にこなしていく方法を砂時計に学ぶ

27　川渡りパズル ──────────────── 171
相性が悪い人同士を2人きりにしない心遣い

あとがき ───────────────────── 177

装　幀●小口翔平＋上坊菜々子（tobufune）
イラスト●鍋島伊都子（有限会社ハルモニア）
本文デザイン・DTP●フォレスト出版編集部

第 i 部

論理力を磨く
8つの能力と
7つのセオリー

「頭がいい」とはどういうことか？

よく、「あの人は頭がいい」という言葉を耳にしますが、この「頭がいい」とはどういうことなのでしょうか？

もし、学生であれば、テストの点数が高い人のことでしょう。つまり、暗記力のいい学生であったり、出題範囲の勉強をすることができる人であったり、時間内にたくさんの問題を解くことができる人のことです。

しかし、社会に出るとこの「頭のいい人」も変化します。

きっと、次のような人を頭がいい人というでしょう。

- 学歴の高い人
- 問題解決力のある人
- 難しいプログラムを組み立ててしまう人
- 説得力のある話し方をする人
- 物知りな人
- 記憶力の高い人
- 数字に強い人
- 頭の回転が速い人
- 応用力のある人
- すべてを聞かなくても正しく理解できる人
- プレゼンがうまい人
- 文章をわかりやすく書く人
- アイデアを形にできる人

- 考えをまとめるのが速い人
- 先を見通す力のある人

　このような特長を多数持っている人は、便利なほめ言葉としての「頭のいい人」ではなく、本当の意味での「頭のいい人」といえるでしょう。では、これらの特長をつくっているのはどんな要素なのでしょうか？

　じつは、「本当に頭のいい人」のイメージをつくっているのは、主にこれから解説する3つの要素です。そのうちいくつかの要素がそろえば、上記のようなイメージを持たれるようになるでしょう。

　ちなみに1つ目の要素はパソコンのような外部機器や辞書に頼ることである程度カバーできます。問題は残り2つの要素です。

学歴の高さと記憶力　要素①知識量

　1つ目の要素は知識量です。

　上記の中の、学歴の高い人と物知りな人、記憶力の高い人がこれにあたります。学歴は、数学などのように知識量だけでは突破できないものもありますが、知識が多いほうが俄然(がぜん)有利です。たくさんの漢字や英単語や、歴史の事実を知っていることが学歴を引き上げます。また、学歴が高い人は、集中力や忍耐力がある人が多いですから、そのイメージも頭のいい人につながっているでしょう。

物知りな人は、好奇心が旺盛です。それによってさらに多くの知識を吸収し、いっそう物知りになります。

　本をたくさん読み、初めて見たものや聞いたものがあればすぐに調べて、自らの知識のデータベースに追加します。雪だるま式に知識が増えていくのです。

　==知識量は年齢と強い相関関係があります。年齢が高いほど経験値も高く、多くの情報が脳に蓄積されていくからです。==年配の方に知性を感じるのも経験値からくるものが多いのです。

　ただ、年を重ねると、思い出す（想起する）力が衰えるため、度忘れすることや、ある言葉を思い出すのに時間がかかるようになります。しかし、この衰えた能力はトレーニングによって鍛えることができます。

◉ 海馬の神経細胞は増えている

　最近、記憶力が衰えたと感じている方も多いのではないでしょうか。これには、新しいことを覚える力に関わる脳の海馬の働きが関係しています。

　以前は、脳細胞は減る一方だと考えられていましたが、最近では、限定的な範囲ではあるものの、神経細胞は増えるということがわかってきました。その代表的な部位が海馬の歯状回といわれるところです。

　ここは脳に新しい記憶をつくる重要な役割を果たしていますから、神経細胞が活発に増えてくればどんどん新しい記憶をつくることができます（しかし、年齢とともに神経細胞が増えにくくなるので、記憶力の低

下を実感することになります)。

　海馬の神経細胞はウォーキング等で体を動かしたり、好奇心や程よい緊張感のある状態に身を置いたり、バランスのよい食生活を心がけたりすることで増えやすくなるといわれています。

年齢とともに衰え、差が開く能力　要素②頭の回転の速さ

　新しいことを理解する速さ、計算の速さ、考えをまとめる速さ、文章や話に対する理解の速さ、これらを決めるのは主に脳の前頭葉の働きです。そして、これらの頭の回転の速さは、基本的に年を重ねるにしたがって衰えていく能力です。

　きっと、昔のほうが暗算をするのが早かったとか、新しい電化製品を使いはじめることに対して抵抗感が増したとか、若者の話のテンポについていけなくなったとか、思い当たるところもあるのではないでしょうか。

　また、この能力は年齢が上がるにつれて差が開きやすく、高齢者といわれる年齢になっても若者とあまり変わらない能力を維持する人もいますし、反対にすっかり頭の回転が鈍くなったと感じる方も多いものです。

回 脳の作業スペース「ワーキングメモリ」

　この能力に密接に関係する力があります。これは、ワーキングメモリという脳のメモ帳と言われる機能で、「作業記憶」と訳されます。私たちは、この機能を使って一時的に情報を覚えておくことで日常生活や仕事をスムーズに進めています。脳の作業スペースと考えるとわかりやすいでしょう。

　たとえば、「この資料の263ページから271ページまでをコピーしてほしい」と頼まれたとしましょう。あなたはすぐに資料を持ってコピー機に向かい、コピーを済ませて、頼んだ本人にコピーした紙を渡しました。そして、さっきまでやっていた自分の仕事に戻ります。

　もし、脳の作業スペースがなかったとしたら、この作業はできません。頼まれた瞬間に何を頼まれたのかを忘れ、たとえコピーをしたとしても、誰に頼まれたのかを忘れ、そうこうしているうちに自分が何をしていたのかもわからなくなるかもしれません。

　会話中や読書の最中、先ほど聞いた内容、数ページ前の本の内容をすっと忘れてしまっては、どんなに冴えた素早い思考であってもその

ことについて考えることすらできません。素晴らしい考えが頭を巡ってもそれすらすぐに忘れてしまうものです。その記憶を脳の作業スペースに蓄えておくことができなければ、思考もなかなか進まないのです。

ワーキングメモリは20代をピークに下降線をたどります。

しかし、年をとることによって衰えてしまうのであれば仕方がないとあきらめる必要はありません。思考の作業スペースはトレーニングで広げることが可能なのです。つまり、頭の回転を大きく向上させることができるのです。本書で紹介しているパズルは、そのための有効なツールの1つです。

2つの要素を使いこなす技量　要素③論理力

3つ目の要素は論理力です。問題解決力のある人、難しいプログラムを組み立ててしまう人、説得力のある話し方をする人、プレゼンがうまい人、わかりやすい文章を書く人など、先に挙げた中の、ほとんどの例はすべて論理力とつながっています。

論理力とは、筋道を立てて物事をとらえ、伝える力のことです。つまり、最初から最後までが1本の糸でつながっているようなわかりやすい構成で話や文章がまとまっており、途中で論理の矛盾が見られません。

なぜこうなのか、どうしてこれをする必要があるのかといった疑問に対し、最初から最後まですっと理解できるような話や文章が書ける

のです。

よく、「小学生でもわかるように説明して」などと言いますが、これも言い換えれば「論理的にちゃんと言葉を組み立ててから説明して」ということと同じでしょう。

前に挙げた2つの要素も、論理力がなければ宝の持ち腐れです。記憶量と頭の回転の速さが持ち合わせた素材ならば、論理力はそれを使う技量とでもいうことができるでしょう。

🔲豊富な知識量＋頭の回転の速さ＋論理力＝頭のいい人

そのほかにも、発想力の豊かな人や、奇抜なことをやってのける人たちの"頭の良さ"もありますが、おおよそ豊富な知識量と頭の回転の速さ、論理力があるかどうかが頭のいい人の印象を左右しています。

このように、知識量と頭の回転の速さ、論理力は、いずれも頭のいい人を構成する要素ですが、知識量はある程度外部にあるものを利用することで補うことが可能です。

漢字検定1級を持っている人は賢いと感じますし、漢字がすぐにわかって便利だろうなと思う一方、パソコンや手書きパッドを使えばほとんどの場面でその場を乗り切ることができます。普通に生活して、仕事をしていくのであれば、クイズ王のような豊富な知識は必要ないでしょう。

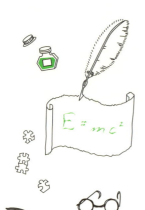

最低限必要な知識は、自分の仕事に関係する知識と一般的に知っていたほうが

いい事柄ですが、それ以外は調べればいいのです。ただ、まったく知らない、あるいは存在自体に気づいていないものは、それについて調べようとすら思えませんから、ちらっとでもたくさんの情報に触れるということを日ごろから心掛けておきたいものです。

　残りの2つである頭の回転の速さと論理力は調べればいい、というものではなく、身につける必要がある能力といえます。頭の回転についてはイメージが湧きやすいですが、論理力については少しわかりにくいところがあると思うので、ここから論理力について説明をしていきます。

◨ ビジネスでも必須の論理力

- 頭の中が整理できない
- まとめ方が下手だと感じる
- 話を相手に正しく理解してもらえない場合が多い
- プレゼンが苦手
- 判断力がないと感じる
- 文章の理解がうまくできないときがある
- わかりやすく伝えられない

　こんな悩みがあるのなら、論理力に問題がある可能性は大きいでしょう。

　私はパズル作家として活動をしていますが、パズルの作成は論理力を使うことの連続であると感じています。

　よく、「何かを説明するときは結論から話す。そしてそのあとにそ

の理由を述べる」などといいますが、パズル本によくある構成はこれに似ています。問題ページがあり、めくると、まず「解答：〇〇」と書かれていて、そのあとに解説が続きます。結論＝解答、理由＝解説ですね。

　このように、パズルやクイズの問題は、「問題はこれです。答えはこれです。その理由はこれこれです」と、非常にわかりやすい構成になっています。

　確かに、この構成の話し方であれば、話が脱線したり、相手にわかりにくいと言われたりすることも少ないと想像できます。

　そして、パズル問題を解くという行為は、多くの場合、論理的な頭の使い方をします。問題を理解し、問われていることに対して、答えにたどり着くためにはどんな方法があるのかを考え、そのためにまずどんな情報を集め、それを組み合わせて何を求めればいいのかと考えを進めていきます。

　論理的な思考ができれば、答えにたどり着く確率も上がっていきます。

回 論理力と組み合わせるべき8つの能力

　論理力こそ、私たちがビジネスや日常の課題を克服する基礎となることをお伝えしましたが、もう少し掘り下げて考えてみましょう。

　あなたの論理力を十分に発揮するには、それに組み合わせなければならない能力が必要になります。いわば論理力を駆使するカギのような存在です。それが次に解説する8つの能力です。

推理力

推理力を発揮するには論理的に問題を分析して確実に思考を一歩一歩進めていく必要があります。推理のためには想像力や先を読む力など、総合的な能力が求められます。

問題解決力

問題を正しく理解し、それを突破するためにはどこに注目すればいいのかを把握し、結果として得たい答えにたどり着くためにはどの方向に思考を進めればいいのかを全体を俯瞰して考える力が問題解決には大切です。

発想力

論理力と発想力はよく対をなした力として表現されますが、この2つの能力は密接な関係があります。たとえば素晴らしい発想をしても、そのアイデアを実現可能な状態に構築していくのは論理力なくしては不可能です。論理的に思考を進めていく中で新たな発想が生まれるものです。

空間認識力・イメージ力

脳の後頭葉は、目で見たものを処理し、私たちに「見る」ことを可能にしてくれます。私たちの住んでいるこの世界は3次元で、街にはさまざまな建物が密集し、脳はそれぞれの建物までの距離を大雑把に、しかし素早く把握し、大体の大きさを知ることができます。テレビ画面は平面であるにもかかわらず脳はそこに立体

をつくり出します。

言語力

　私たちは常に言葉を使って考えています。何かに悩んだり、難しい問題を考えたり、楽しいアイデアを探しているときも、言葉が脳内を駆けめぐっています。人は言葉を使って思考します。文章や話から情報を得ますし、見たものを説明するときも言葉を使います。言語力は考える力に直結する大きな力なのです。

判断力

　適切な判断を下すためには、正しい情報と、それをしっかり理解する必要があります。どこを起点として思考をはじめるのか、何を重要視するのか、目的は何なのかを理解したうえで、自らの経験や直感を頼りに決定しています。視野を広く持ち、目先の情報に流されることなく最終的な目標に達することができるように考えていくことが重要です。

多角的思考力

　ビジネスや日常生活で出会う選択肢を検討するとき、私たちはさまざまな角度から考えて決断しています。たとえば、相手の目線で考えるという能力は機械にはない特殊な、そして欠かせない能力です。思考が行き詰まったら今の考えに執着せず視点を変えて、時には最初から考え直してみることも重要なときがあります。

試行錯誤力・積み上げ思考力

　試行錯誤とか、積み上げと聞くと、とても地味で効率の悪い方

法のようにも感じられます。しかし一方で、確実性の高い、物事のすみずみまで考えが行き渡る思考でもあります。大切なのは、漏れがないように１つ１つ丁寧に、根気よく確認していくことです。メモを取りながら考えていくのも有効な方法です。

　世の中にある問題の多くは、今述べたいずれの能力もフル回転させなければ解決しないものばかりだと言っても過言ではないでしょう。
　そこで本書では、これらの力を使えるように問題を厳選、作成しました。本書を通じて８つの能力を開発し、論理的思考の基礎が脳内に刻まれ、その力をビジネスや日常の生活に生かしていくうちに、さらなるスキルアップが期待できると考えています。
　論理的な考え方ができるようになれば、問題点を見つける力も、問題を解決する力も上がり、今まで気がつかなかったことに目が行くようになるかもしれません。
　さらに次のような、ビジネスに必要な思考法も身近に感じられるはずです。

スピード社会に有効な仮説思考

　仮説思考とは限られた情報をもとに、仮説を立て、その仮説を必要な範囲で検証することで素早く結果を出す思考法です。まず情報を集めてから結論を出すのではなく、現段階でわかる情報をもとに仮説を立て、そこから思考・検証をはじめるのです。

問題分析を視覚的に行うロジックツリー

　その言葉から、論理力と密接にかかわりがあることがうかがえるロジックツリーも、身につけておくと便利なツールでしょう。

ロジックツリーは、問題に対し、論理的に（つながりがあるように）それぞれの要素を木の枝のように書き出していく思考法です。タテ方向に見ると、各要素が同じ断層（次元）にあるようにすることによって、わかりやすく問題が整理されていきます。また、漏れやダブリなく要素を出し切ることを意識しやすい構造で、視覚から問題の全体を把握できるのがロジックツリーの利点です。
　そこから問題点を探り、解決に生かしていくことができます。

ロジックツリーのイメージ

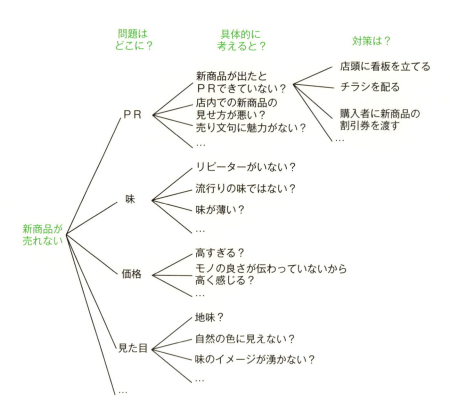

回 問題は7つのセオリーで解決できる

　本書は、パズル問題を通して、論理的に考える力の基礎や応用が身につくことを目標につくられています。
　そして、論理的思考をする人はどのような頭の使い方をしているかが、なるべく見えるように思考回路（チャート）を使ってつくりました。眺めているだけでも、自分の思考回路に論理的思考の新たな道ができる感覚を得ることができるでしょう。
　それこそが脳に新たな神経回路がつくられ、これまで持ち得なかった思考法を覚え、論理力が向上したということなのです。実際にパズルを解くことでその回路をしっかりと根づかせることができるはずです。
　さて、先ほど論理力と組み合わせるべき8つの能力の解説をしましたが、それらを「意識して使う」ことは抽象的な作業となるので、ピンとこないかもしれません。
　そこで、パズルを解く際のセオリー（解法）としていくつか挙げてみたいと思います。このセオリーを駆使することで頭の中が整理され、問題を理解しやすくなったり、闇雲に解くことや、何から手をつけていいのかわからず悩むことが劇的に少なくなります。

問題解決の7つのセオリー
- **シンプル化**：もっと単純化して考えられないか？
- **発想の転換**：別の見方ができないか？
- **代入**：他のものに置き換えられないか？
- **比較**：AとBを比較することで何かが見えてこないか？

- **視点の憑依**：ユーザーや相手の視点で考えることで新たな発見ができないか？
- **組み合わせ**：今までに存在するアレとコレを組み合わせたら新しいものにならないか？
- **消去法**：最善のものを選択するために消去できるものはないか？

　パズルを解く際に使うこれらのセオリーは、じつはビジネスや日常生活にも通じる問題解決の手段です。

　目の前に何か問題が立ちはだかったとき、この7つのセオリーのどれかを使うことで、基本的にほとんどの問題に突破口を開くことができます。

　なんとなくこれらが必要だとはわかっていたけれど、なかなか実践できない、方法がわからないという場合も多いでしょう。本書のパズルはこの7つのセオリーが重要になる問題ばかりです。

　試しに7つのセオリーがどのようなものか、関連したやさしいパズルを1つずつ見ていきましょう。

セオリー①シンプル化　7つの島と11本の橋

　ボートに乗った男性が、どこかの島に上陸し、そこから徒歩ですべての橋を1回ずつ渡りながら最後に岸に到着したいと思っています。なお、岸に複数回戻っても問題ありませんが、同じ橋は

2回通れません。
どの島からスタートすればいいのでしょうか？

☞答えは33ページ

セオリー②発想の転換　**法則パズル**

・・・・・・・・・・・・・・・・・・・・・・・・・・・
？に入る平仮名1文字は何ですか？

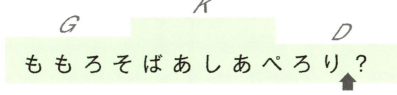

☞答えは33ページ

セオリー③代入　文字入れパズル

同じ 3 文字を入れて 5 つの言葉を完成させてください。

す○○○ゆ　　○○○ぎ

がん○○○　　○○○えい

せい○○○き

☞答えは 34 ページ

セオリー④比較　9 マスの法則

？に入る絵は A～C のうちどれですか？

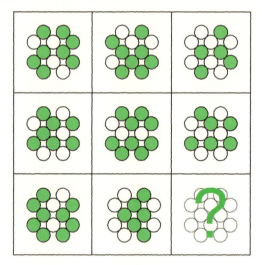

☞答えは 34 ページ

セオリー⑤視点の憑依　嘘つきは誰？

正直者は必ず本当のことを言い、嘘つきは必ず嘘をつきます。
以下の4人のうち、1人だけいる嘘つきは誰でしょうか？

カオリ「私はピアノしか習っていないわ」
ケント「僕は正直者だ」
ソウタ「サトミは嘘つきじゃない」
サトミ「カオリは習字を習っているよ」

☞答えは35ページ

セオリー⑥組み合わせ　穴あき紙重ね

穴の空いた2枚の紙を重ねると、A〜Dのどれになりますか？

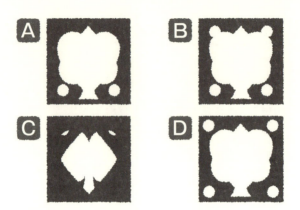

☞答えは 35 ページ

セオリー⑦消去法　**数つなぎパズル**

スタートから123……と順に数字をたどってゴールまで進んでください。

1	2	3	4	5
2	5	4	7	6
3	6	9	8	7
4	7	8	7	8
5	4	9	10	11

スタート → (上) ／ ゴール → (下)

☞答えは 36 ページ

☞ セオリー①シンプル化　7つの島と11本の橋
　　答え：右上の島

いくつものパターンを検証するなどして、難しく考える必要はありません。橋を使って島に入ったら、橋を使って出るしかない、という単純なルールに注目し、シンプルに考えることができれば答えは見えてきます。

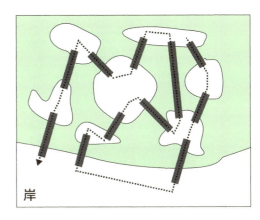

　右上の島だけ、島に入って島から出ても、橋が1本余ってしまうことに気がつきます。つまり、他の島のように、「島に入る→島から出る」ではなく、「島から出る→島に入る→島から出る」と橋を3回使わないと橋を使い切れないのです。

☞ セオリー②発想の転換　法則パズル
　　答え：と

平仮名以外の要素から、表彰台とメダルの色がひらめけば、あとは簡単でしょう。答えは夏季オリンピックの開催地です。最近の開催地しかわからなくても、矢印が現在と気がつけば次は東京と答

えられるでしょう。
　発想の転換には、少ない情報からでも過去の記憶にアクセスし、そこから直感を引き出す力が求められます。

☞ セオリー③代入　文字入れパズル
　答え：じょう

ひらめけば一瞬で解ける問題です。しかし、ひらめかなければ、どれか１つに的を絞り記憶をたどりながらいろいろな文字を入れていくことになるでしょう。

すじょうゆ　　じょうぎ
がんじょう　　じょうえい
せいじょうき

☞ セオリー④比較　９マスの法則
　答え：A

左の絵と、中央の絵で、両方とも緑の●のみ右の絵で色を塗られています。よって、答えはAです。

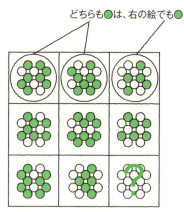

☞ セオリー⑤視点の憑依　嘘つきは誰？

　　答え：カオリ

　カオリとサトミは言っていることが食い違っているので、どちらかが嘘をついていることがわかります。つまり、ケントとソウタは正直者です。

　ソウタのセリフから、サトミは嘘をついていないことがわかるので、嘘つきはカオリです。

☞ セオリー⑥組み合わせ　穴あき紙重ね

　　答え：C

　一見、単純そうに見える問題でも、理解が足りないために間違えてしまうケースも多々見られます。

　実際に本の図形に穴が開いていると想像してみてください。1枚でも穴が開いていない部分は紙でふさがれますから、2枚とも穴になっている部分しか穴は残りません。

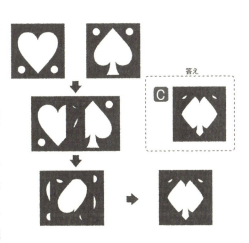

☞セオリー⑦消去法　数つなぎパズル　答え

スタートから、あるいはゴールから数をたどって答えを見つけます。

このとき、違うと判断した道を素早く候補から外すのが、この問題を解くコツです。

日常やビジネスのさまざまな問題を解決する場面でも、このように候補を削って最終的な決断をすることがあるでしょう。

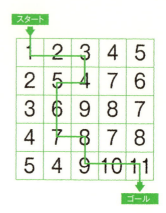

回 本書のパズルはあなたの頭に思考回路をつくる

比較的簡単な問題でしたが、どのくらい解けましたか？　また、7つのセオリーを実感していただけましたか？

本書は、パズルとパズルを解くための思考チャートをもとに、さまざまな角度から論理力を身につけられるように考え作成されています。パズルは論理力を身につけるのに適しているだけでなく、楽しめるツールでもあります。

本書の問題を解きながら、考えの幅や深さが広がる実感、論理的に考えることの楽しさを少しでも得ていただけたら作者として幸いです。

では、早速パズルをはじめてみましょう。この本は通常のパズル本ではありません。

どう考えるか？　自分はどんな思考をしているか？　と、頭の中でイメージし、意識して解き進めてください。

第 ii 部

新しい
思考回路のつくり方

Train of Thought 01

点数と解答

比較するスキルが足りないと
人は重大な選択から逃げる

難易度.................低
論理力.................＋推理力
解法セオリー.........比較

AかBで答える1問10点の2択問題のテストがありました。全部で5問です。

しかし、担当教師のミスで、解答がなくなってしまいました。以下の5人の生徒の答えから、解答を導き出してください。

	問題1	問題2	問題3	問題4	問題5	点数
エンドウ	B	A	A	B	A	20
サカシタ	B	A	B	A	A	20
タカハシ	A	B	B	A	A	40
ナカジマ	B	B	B	A	B	20
ワタナベ	A	A	B	B	B	30
解答						50

まずは誰と誰を比較するか

　この問題は、論理的に考えを進めていくことができなければ、なかなか解答にたどり着けない難問です。なんとなく考えているだけでは先に進みません。
　解法セオリーとしては、5人のうち2人を比較することです。そして、解答の差と点数の差から、正解を割り出していきます。このため、推理力が問われる問題です。

何が同じで何が違うのかを分析

　最初に、満点が50点であることを意識して、どの生徒に焦点を当てるかを考えます。このとき、全体を眺めて、この生徒は2問正解で、この生徒は2問間違えていて……とあちこち見ていても、一向に思考は進んでいかないでしょう。
　たとえば、最も高い点数である40点のタカハシに注目する方法があります。この生徒は1問だけ間違えていて、残り4問は正解です。つまり、2問以上間違えてはいません。
　この生徒と、もう1人を比較してみましょう。すぐ上にあるサカシタを見てみます。すると、タカハシとは2問答えが違うことがわかります。問題3〜問題5までは同じ答えです。しかし、点数を見ると20点差です。2問の差で20点差なのですから、当然この2問で差がついたことになります。このことから、タカハシは問題1と

問題2で正解を出していることがわかります。

解答：問題1＝A、問題2＝B

　次に、すぐ下のナカジマとタカハシを比較してみましょう。すると、問題1と問題5以外は同じ答えということがわかります。問題2〜問題4までは同じ答えで、2問のみ答えに違いがあります。そして、点数は20点差です。つまり、問題1と問題5でタカハシが正解していることがわかります。

解答：問題1＝A　問題5＝A

　ここまでで、問題1＝A、問題2＝B、問題5＝Aがわかりました。残りは問題3と問題4の2問です。
　次に、ワタナベとわかっている解答を比較してみましょう。問題1は解答がAに対してワタナベの答えはA。正解しています。問題2は解答がBに対してワタナベの答えはAで、不正解です。問題5は解答がAに対してワタナベの答えはBです。こちらも不正解ですね。
　つまり、問題1、問題2、問題5の3問中、ワタナベは1問しか正解できていません。しかし、ワタナベは5問中3問正解しているはずです。つまり、残り2問で20点を取る必要がありますから、問題3と問題4は正解していなければいけません。結果、問題3の答えはB、問題4の答えはBとなります。

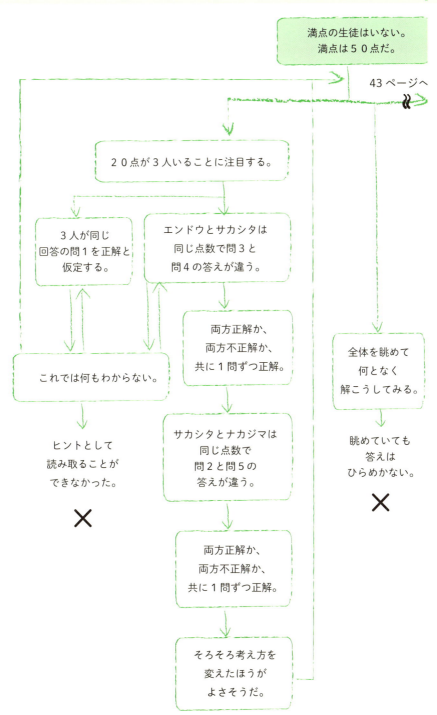

	問題1	問題2	問題3	問題4	問題5	点数
エンドウ	B	A	A	B	A	20
サカシタ	B	A	B	A	A	20
タカハシ	A	B	B	A	A	40
ナカジマ	B	B	B	A	B	20
ワタナベ	A	A	B	B	B	30
解答	A	B	B	B	A	50

解答：問題1＝A　問題2＝B　問題3＝B
　　　問題4＝B　問題5＝A

　最初に高得点のワタナベからはじめることで、スムーズに解答にたどり着きました。チャートにはもう1つ、20点の3人を比較することからはじめる方法も記載されています。この道筋でも答えに近づくことは可能です。チャートのように問題1の答えはこの3人から比較的容易に導き出すことができます。そのあとで、ワタナベやタカハシといった点数の違う人との比較をはじめてもいいでしょう。道は1つではありません。

回 比較だけで乗り切る問題

　解説をご覧になってわかるとおり、この問題は7つの解法セオリーの比較のみで攻略しています。生徒2人での比較と、解答と生徒1人の比較、やっていることは基本的にはこれだけです。大切なのは、

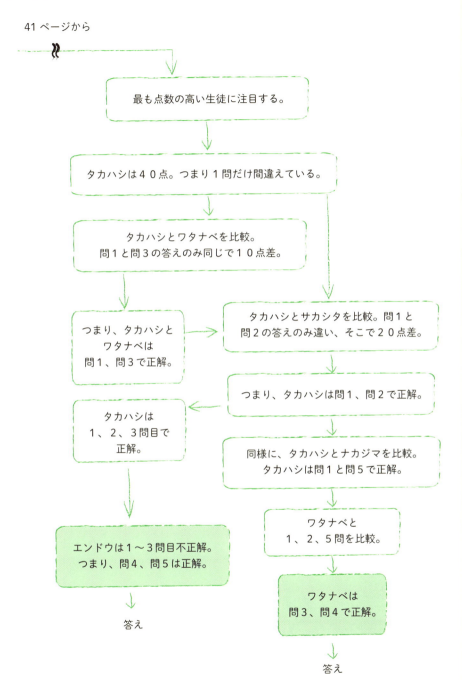

比べた結果、そこから何かしらのヒントを得ていくという視点です。
　比較のみとはいっても、2人の生徒を比較する、それぞれの生徒と点数を比較するという2つの比較を同時に行っていることが、この問題をややこしくしています。2人の生徒の点数の差から、どの問題が正解なのかを分析していかなければいけません。
　41ページのチャートにある「これでは何もわからない」に進んでしまうと、なかなか抜け出せなくなります。落ち着いて丁寧に比較をしていくことが、この問題のゴールに進む近道でしょう。

回 比較が苦手な人は選択を回避する

　比較する場面というのは日常に溢れています。
　わかりやすいのは選挙。立候補者の中から誰を選ぶかといった政治に関わる選択を迫られるときもあるでしょう。このとき、政党で選ぶか、立候補者個人の政治家としての資質で選ぶか、はたまた地元への貢献度で選ぶか……。清き1票を入れようと思えば思うほど、悩みは深まります。
　もっと身近な例で言えば、スーパーでの買い物です。
　たとえば、同じダージリンの紅茶の茶葉だけれど、AとBどちらがいいかを比較するとしましょう。もし、グラム当たりの値段が安いほうを購入したいなら、値段とグラムから2つの商品を比較します。

それだけなら迷いも少ないでしょうが、さらに生産地やブランド、値引き商品なのか（定価より安くなってるお得商品なのか）など、複数の要素を考え出すと、悩みが深くなります。

そんなときは冷静に比較していく能力が欠かせません。もし、比較するというスキルが足りないと、人は選ばないという選択に逃げるようになります。

このダージリンの茶葉の場合、「とりあえず、今回はいいや。買わない」と選択を回避します。紅茶くらいであれば買わなくても大した問題にはならないでしょう。

しかし、比較することを苦手としてしまうと、いざ大切な選択に迫られたとき、大きなストレスを感じることになってしまいます。

選択をあまく見ると、理想の人生からかけ離れていく

そもそも人生は選択の繰り返し。「夢を追うか、現実を選ぶか」「今からダイエットすべきか、やめるべきか」「結婚相手に一番に求めるものは経済力か、相性か」……。

直面した選択肢を比較検討することにストレスを感じ、逃げつづけようとすると、今の自分が心地よいと思うもの、つまり楽なほうを選んでしまうのが人間です。こうして流されて生きていくと、しばらくしてふと気づくのです。若いころに夢見た生き方と、現実があまりにもかけ離れていることに。

少し大げさにお伝えしましたが、後悔しない人生を歩むためには、選択に対するストレスを軽減し、比較するスキルを高め、苦手意識を取り除くことが必要なのです。

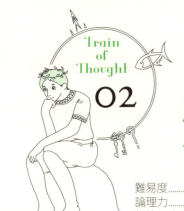

Train of Thought 02

展示場所をめぐって

一見複雑に見えるものほどシンプルに考える

難易度................高
論理力................＋問題解決力
解法セオリー........シンプル化

たくさんの部屋がある展示場があります。目玉として、とある芸術家の作品を飾りたいのですが、展示場所をめぐって意見が分かれ、A～Gにあるように、あちこちに移動しました。
今、その芸術家の作品はどこにあるかを推理してください。

ルール
- A～Gの合計7回移動を行いました。
- A～Gはこの移動を行った順番どおりには並んでいません。
- わかっているのは最初に置いた場所が○の位置であることだけです。

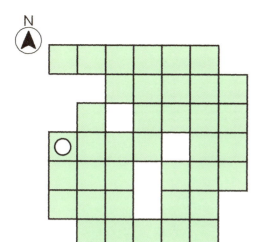

A	南に3部屋移動した。
B	西に5部屋移動した。
C	東に2部屋移動した。
D	北に6部屋移動した。
E	東に4部屋移動した。
F	南に2部屋移動した。
G	東に3部屋移動した。

◯…最初にあった場所　　※白いマスは中庭で、部屋ではありません。

🔲 どこから考えはじめるかを検討しよう

　最初に置かれていた場所と、行った移動が書かれています。しかし、どの移動をどの順に行ったのかは書かれていません。
　この問題は、まずどこから考えはじめるのか、アプローチ法が分かれる問題で、論理力＋問題解決力が必要です。まずはあなたのやり方で考えてみてください。

🔲 手当たり次第にやる前に

　49ページのチャートにあるように4つの道に分かれます。一番左の手当たり次第は「とにかくやってみよう」とあまり深く考えずに解きはじめる人のタイプです。うまくいけばラッキーですが、うまくい

かないと時間がかかってしまうでしょう。

　この問題を含め、どこからでも攻めていけそうな問題は、「手当たり次第」で簡単に正解を求められることは稀です。それは普段の生活の中で、私たちが直面する複雑な問題に対しても同じです。そのような問題に「手当たり次第」にぶつかっていては、時間も、お金も、労力も、いくらあっても足りなくなってしまうでしょう。

　それらの資源（リソース）をできるだけ浪費しないためには、自分なりの戦略を早く見つけだすことが大切です。

　もちろん、「手当たり次第」や「行動あるのみ」が有効な手段であると結論づけられる場合もあるかもしれません。しかし、もっといい方法があるかもしれないと、思考をひねる段階を省略すると、無駄な行動に気づかず、よりよい戦略を見つけることができなくなってしまいます。

　したがって、「この方法でいいのか？」と疑問をもつことは常に重要になってくるでしょう。

　たとえば、この問題の場合は次のように思考を進めていくことができます。

回 最も簡単な解法はどれ？

　もう少し賢くやろうと考えたのが、左から2番目のルートです。

　最初にA～Gのどれが使えるか？　次にどれが使えるか？　と順々に考えていきます。間違えないように丁寧に行えば、一度で最後まで解き切ることができるので、手当たり次第にやるよりは頭が整頓されていいでしょう。

　次の方法が左から3番目のルートです。

Train of Thought

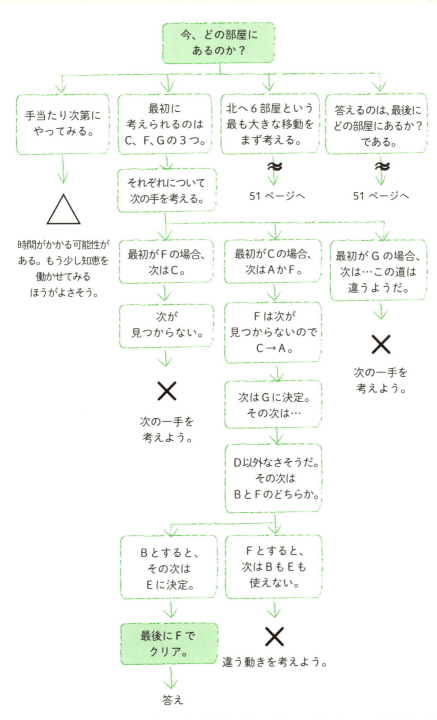

「北に6部屋移動させる」という最大のヒントを見逃さずに、必ず通過した道を探り出します。すると、美術館の最も南東の部屋から北に6部屋進めたことがわかるので、次に「最も南東の部屋」に移動させるための道筋を考えることができます。このように思考を進めていくと、左の2つの道よりはスムーズに答えにたどり着くことができるでしょう。

最後はチャートの一番右にある方法です。

この問題は、動かした順番など聞いていませんから、つまり全部で北（または南）に何部屋、西（または東）に何部屋進んだのかがわかればよいのです。

そう考えると、全部を合わせて一気に計算すれば簡単に答が導き出せます。すぐにこの方法が思いついたのなら、論理的に、最も簡単な方法は何かを冷静に判断することができたと考えてよいでしょう。

「シンプルに考える」とは戦略を立てること

一見複雑に見えるものでも、シンプルに考えることで解決することがあります。

たとえば、ショッピングモールの一角にお店を出すことになったと考えてみます。そのとき、こんなことを気にするのではないでしょうか。

- 周囲の店は何を売っているか？
- 今の時代、何が求められているか？
- 今までにないアイデアはないか？
- いくらくらいのものが売場に合っているか？
- 日持ちする商品のほうがいいだろうか？

- ターゲットはどの層に設定するか？
- インパクトがある商品を置かないと目立たないだろう。
- 客単価をどのくらいにすれば利益が最大になるだろうか。

こうして、思考は複雑になっていき、雑多なアイデアが散乱するかもしれません。たくさんのアイデアを絞り切れず、どれがいいのかわからなくなりました。こんなときはシンプルに考えてみると、問題が進みやすくなることがあります。

ここで言うシンプルに考えるとは、戦略を考えること。「結局、自分はどうしたいのか？」と自問自答してみるのです。

戦略というと難しく思えるかもしれませんが、非常に具体的、あるいは抽象的なものでいいのです。

具体的なものの場合「30〜40代の油の乗ったビジネスパーソンをターゲットに、少し高めでも高級感のある品揃えにしよう」とか、「扱う素材は一般的でも、インスタ映えする商品を中心に展開しよう」、抽象的なものであれば「全国でここにしかないような店にしよう」「自分の好きなものだけを取り扱った店にしよう」といったものです。

そうした戦略は「軸」になります。その軸に沿って諸問題を考えることで、アイデアが拡散することを防ぎ、疑問にも軸をベースにした答えが生まれ、譲れないものと多少なりとも妥協できるものの区別ができるようになり（優先順位の明確化）、進むべき方向へとかじを切ることができるようになります。

もちろん、実際はそう簡単にはいかないと思いますが、悩んだときに「なるべくシンプルに考えよう」と視点を変えてみることで道が開けるものです。

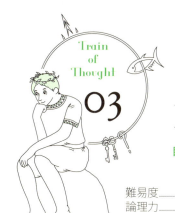

天秤パズル　初級

自分の中の天秤の精度を上げる

難易度................低
論理力................＋発想力
解法セオリー.........比較

4種類のおもりを、重さが軽い順に並べてください。

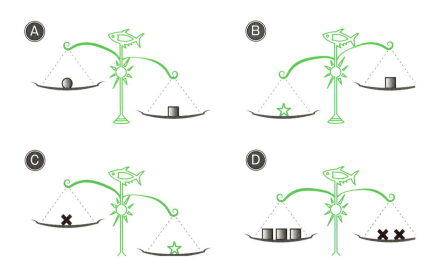

◲ 答えはすべて天秤の中に

　このタイプの天秤問題は、1つ1つの天秤の状態から情報を確実に読み取っていくことで、必ず答えにたどり着ける問題です。苦手な人はDの天秤を見ただけで頭が痛くなるかもしれません。もちろん、

出題者の意図はそこにあります。冷静に■と✖、どちらが重いかを見破ってください。

難易度の高い天秤問題も次節以降に用意していますので、この問題で頭を慣らしていただけたらと思います。

回 Bの天秤は必要ない!?

1つ1つ天秤から情報を読み取ります。

おもりの重さはAの天秤から、●<■（■のほうが重い）とわかります。Bの天秤から■<☆、Cの天秤から✖<☆です。Dの天秤では、■3個と、✖2個が釣り合っているので、✖のほうが重いことがわかります（■<✖）。この4つを整理すると、軽いほうから、●、■、✖、☆となります。

どの天秤から考えはじめても、それほど苦労せずに答えにたどり着けるでしょう。じつはこの問題の場合、Bの天秤はなくても解くことができるのですが、気がつきましたか？

回 自分の中の天秤を使ってみよう

「2つ以上のものを比較する」という作業は、毎日私たちが経験する身近なものです。たとえば、今日の服装はどちらにしようか？ 食事は何を食べようか？ 休日は家にいるか外出するか？

天秤問題では、4つのおもりを比較しました。この問題は重さというたった1つの判断材料で答えを出すことができます。

実際の日常生活やビジネスでは複数の判断材料が存在することが多いので、判断が難しくなりますが、1つ1つポイントを分けて考えれば天秤問題のように比較ができる場合が多いでしょう。

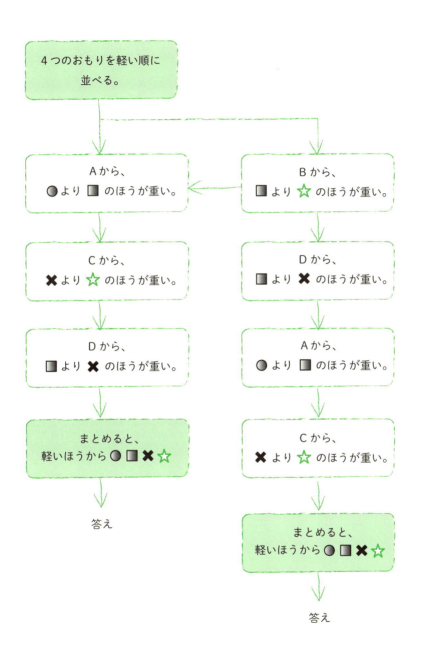

それぞれのポイントの重要さも天秤にかけると、思考の出口が見えてくるものです。

回 決断疲れへの対処法

44ページでも解説しましたが、日々の生活は比較と決断の連続です。夕食に何か買って帰るか、食べて帰るか。3年前に買った本を捨てようか、取っておこうか。こんな小さな決断でも脳は確実にエネルギーを消費し、疲れていきます。優柔不断だと自覚している人ほど、この決断疲れを感じていることでしょう。

たとえば、アメリカのイェール大学が行ったこんな実験があります。「アルバイトで貯めたお金をもってビデオ店に入ると、ずっと見たかったビデオが安くなっていました。それを買いますか？」という質問に対して「A：買う　B：買わない」の2択なら、Aを選ぶ人が75％、Bを選ぶ人は25％でした。しかし、「A：買う　B：買わずに他のものを買う」の2択になると大きく割合は変動し、Aが55％、Bが45％になったというのです。

選択の幅が広がると、脳が疲れ、人は決断を先延ばしするほうを選びやすくなるという結果です。このように決断疲れを回避するためには、あえて日常の細かな選択を完璧にこなそうとせず、「どちらを選んだって私の人生に大した影響はない」と柔軟に考えることを意識したり、10秒迷ったら第一印象を優先するなどの自分だけのルール（ただしルールに縛られない程度に）を決めるなどするのも手です。

そもそも、自分の意思では迷っていても、無意識下では今までの経験をもとにして決断が終わっていることも多いといわれています。力を抜いたほうが脳の声に従えるかもしれません。もっと気楽に決めてしまってもたぶん大丈夫です。

天秤パズル　中級

共通点は天秤にとっても人間にとっても重要

難易度................中
論理力................＋発想力
解法セオリー........比較・代入

4種類のおもりを、重さが軽い順に並べてください。

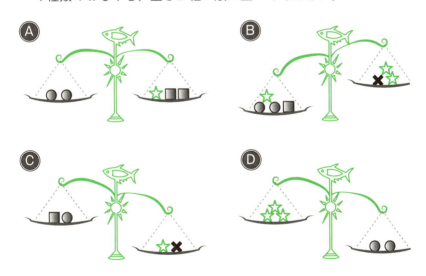

◉ **紙に書いて考えると整理できる**

　天秤に乗っているおもりの数が増え、難易度が増しています。1つずつを比べている天秤はないので、情報を読み取るためにさらに論理的な思考が必要になります。
　この問題も、考え方は初級問題と同じです。1つ1つ分析することで答えは必ず導き出せます。頭の中だけで比べるのが難しいときは、

紙に書き出してみてください。紙に書き出すことで、頭が整頓され、解きやすくなります。

先ほどの1問目と違う点は、1つ1つの天秤から読み取れる情報だけではゴールまでたどり着けないところにあります。今までの情報を加味してそれぞれの天秤を見る必要があります。

回 共通点を見つけよう

Aの天秤から、左の天秤は●2つ、右の天秤は■2つに☆1つが加わっています。それが釣り合っているので、●＞■とわかります。次に、Dの天秤を見ます。☆3個が、●2個より軽いことから、☆＜●が読み取れます。ここまでは順調に読み取れますが、この次にBやCの天秤を見ても、なかなか先に進めません。

Cの天秤から、■●＜☆✖となりますが、今までわかっているのは●＞■と、☆＜●で、●■☆の3つの中では●が最も重いという事実だけなので、■●＜☆✖に当てはめてもそれぞれのおもりの重さは見えてきません。

ここで注目したいのはA、B、Dの3つの天秤に共通してある「●●」という2つの●です。そして、Aから●●＝☆■■とわかっているので、●●は☆■■と置き換えることが可能です。これをDの天秤に代入すると、☆☆☆＜☆■■となり、左右の皿から☆を1つずつ取り除くと、☆☆＜■■となり、☆より■が重いことがわかります。

次にCの皿を見ると、●■☆の3つの中で1番重い●、2番目に重い■が左の皿に、最も軽い☆が右の皿に乗っており、天秤は右に傾いています。つまり、最も軽い☆が乗っている皿が右に傾くほど重い

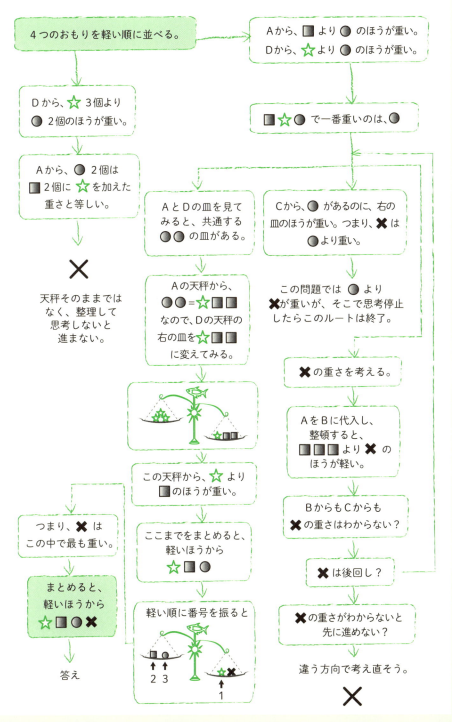

おもりが✖ということになります。

ここから、4つのおもりの中で最も重いおもりが✖とわかり、軽いほうから、☆、■、●、✖となります。

回 共通点の発見と人間関係

共通点を見つけることの大切さというのは、ことのほか私たちは理解しているはずです。

人間関係がわかりやすい例です。初対面でも、年齢や出身地、出身校が同じ、映画や食べ物などの好みが近い、趣味が似ているなど、共通点があると互いに親近感を抱きやすいのは誰もが心当たりがあることでしょう。出会ったばかりの人なのに、共通点が1つ見つかるだけでなぜか距離が近くなった気がするものです。

そう、共通点は人間関係の特効薬。良好な関係を築きたい相手に対して、たとえ小さくても自分との共通点を見つけることができれば、それをきっかけにして相手から好意的な印象を持ってもらえる確率は高くなります。

このパズルを解くときの大切な着眼点も同じでした。天秤のおもりから共通点を見つけることが解法のカギでしたが、あなたは気づきましたでしょうか？

パズル、しかも天秤というと乾いたイメージを持ってしまうかもしれません。しかし、じつはパズルを解くときの考え方は、普段の私たちの生活の知恵と地続きだったりするのです。

天秤パズル　上級

バイアスを外す練習

難易度........................高
論理力........................＋発想力
解法セオリー..........シンプル化・代入

　ここで、同じ天秤を使っていますが、まったく違うパターンのパズルをご紹介します。

　このパズルは、天秤パズルの中でも特に有名です。

9個の袋にコインが100枚ずつ入っています。このうち1個の袋は偽コインが入っており、偽コインは本物のコインよりわずかに軽いことがわかっています。偽コインの袋を見破るためには、最低何回天秤を使えばよいでしょうか。

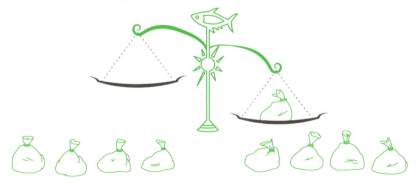

🔲 省略できる部分を見る

右ページのチャートにもあるように、まずはそれぞれの袋に名前をつけると考えやすくなることがわかるでしょう。この問題で重要なセオリーはシンプル化ですが、その前提としての代入（名のないものに名前をつける）のセオリーも組み合わせて考えるべきです。

天秤への乗せ方はある程度限られます。左右のさらには同じ個数の袋を乗せる必要があるので、1個ずつ、2個ずつ、3個ずつ、4個ずつのいずれかが正解です。

なるべく少ない回数で計りたいので、AとB、AとC、AとD……としらみつぶしにはかっていくのは問題外です。省略できる部分はないか考えてみましょう。

ポイントは、9袋中1袋に偽コインが入っているという事実が確定しているという点です。たとえば、A〜Hが本物だとわかったなら、調べるまでもなくIは偽コインですね。

🔲 思い込みを外す

1個ずつでやってみると、チャートの左側のように、4回天秤を使う必要があるので、これより少ない回数で調べられないかを探してみます。2個ずつ乗せると、3回の計量で済みそうです。さらに、3個ずつ乗せると、2回で調べることができます。3個ずつの3グループに分け、そのうち2グループを左右の天秤にそれぞれ乗せ、釣り合

Train of Thought

```
                    ┌─────────────────────┐
                    │ 9袋の中の偽コイン袋を見つける。│
                    └──────────┬──────────┘
                               ▼
                    ┌─────────────────────┐
                    │ 袋をそれぞれABCDEFGHI │
                    │   として考える。      │
                    └──────┬───────┬──────┘
                           ▼       ▼
              ┌────────────────┐  ┌────────────────┐
        ┌────→│  AとBを比較する。 │  │ 左右の天秤に乗せる │
        │     └──┬──────────┬──┘  │ パターンは何が    │
        │        ▼          ▼     │ あるだろう?      │
        │  ┌──────────┐ ┌──────────┐└────────┬───────┘
        │  │AとBが釣り合ったら│ │AとBが釣り合わ│         ▼
        │  │この2つには偽コイン│ │なかったら、軽いほうの│┌──────────┐
        │  │は入っていないとわかる│ │袋に偽コインが│  │1個ずつ、2個ずつ、│
        │  └──────────┘ │入っている。│  │3個ずつ、4個ずつの│
        │                └────┬─────┘  │4パターン。     │
        │                     ▼        └────────┬───────┘
        │           ┌────────────────┐           ▼
        │           │ 同様にCとD、     │        65ページへ
        │           │ EとF、GとH      │
        │           │ を比較する。     │
        │           └──┬───────┬─────┘
        │              ▼       ▼
        │   ┌──────────┐ ┌──────────┐   ┌──────────┐
        │   │釣り合ったら、その│ │釣り合わなかったら│  │  1個ずつ  │
        │   │2つの袋には本物の│ │軽いほうの袋に │←─│  乗せてみる。│
        │   │コインが入っている│ │偽コインが入っている│   └──────────┘
        │   └──────────┘ └────┬─────┘
        │                     ▼
        │           ┌────────────────┐
        │           │ すべて釣り合った │
        │           │ なら、Iの袋に偽コインが│
        │           │ 入っている。     │
        │           └────────┬───────┘
        │                    ▼
        │           ┌────────────────┐
        │           │ つまり、1つずつ  │
        │           │ 比べると、最大で4回│
        │           │ 天秤を使えばわかる。│
        │           └──┬───────┬─────┘
        │              ▼       ▼
        │     ┌──────────┐ ┌──────────┐
        │     │ 答えは4回。 │ │ 4回より少ない │
        │     └─────┬────┘ │ 回数で偽コインの│
        │           ▼      │ 袋がわかるだろうか?│
        │     違う計り方がある。└────────┬───────┘
        │           ✗                  ▼
        │                        ┌──────────┐
        └────────────────────────│ 最初に戻る。│
                                 └──────────┘
```

わなかったら軽かったほうのグループに、釣り合ったら天秤に乗せなかったグループに偽コインの袋があるので、そのグループに絞って再び天秤を使います。

　天秤の皿は左右2つですが、その2つを比べるだけでなく、乗せなかった物についても考えることができるかどうかがこの問題を解くために必要な着眼点です。

回 バイアスとヒューリスティック

　バイアスとは、先入観や偏った考えを表す言葉です。自分はそうした偏見を持たないように気をつけていると思っていても、経験や思考の癖から、人の脳は偏った考えを持つものです。これを防ぐことはできないでしょう。心理学で認知バイアスと呼ばれている、時に厄介となる"思い込み"です。

　天秤パズル上級の問題を少し変えて考えてみましょう。

天秤パズル　上級2

8個の袋に、100円玉くらいのコインが300枚ずつ入っています。偽コイン300枚が入った袋が1つだけあり、偽コインはわずかに0.5グラム重いことがわかっています。天秤を何回使えば偽コインの袋を見破れるでしょうか？

　解答の前に、認知バイアスと組み合わせて知っておきたいヒューリスティックについてお伝えしましょう。

Train of Thought

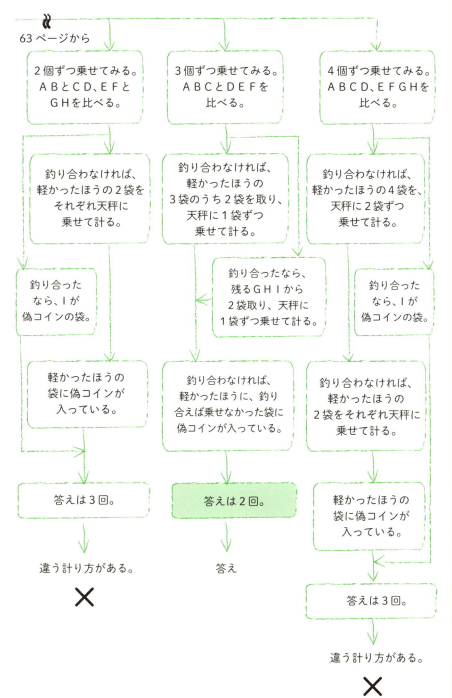

人の脳は、今までの経験から思考の近道をします。よく考えなくても、パッと答えを導き出す思考のショートカット、直感を使って結論を導き出すような思考の働きです。

たとえば医療現場で、救急車で運ばれてきた人を見て、経験則で治療をしていく場面を想像してください。緊急性を要するのに、血液検査をしてそのデータを見て、症状と合わせて病名を割り出してからでないと治療をしないとしたら、到底間に合わないでしょう。

ここでヒューリスティックの出番です。この方法は、間違えてしまうリスクは上がりますが、瞬時に結論を導き出すことができます。私たちは日ごろから、それと気づかずに常にヒューリスティックを利用しています。

しかし、脳のエネルギーの節約や、思考時間の短縮に重要なヒューリスティックですが、ここにバイアスが加わると間違った結果を導き出しやすくなります。

たとえば、飛行機事故のドキュメンタリー番組を見たあとは、飛行機が現実よりも危ない乗り物に感じられます。しかし実際は、2017年の大型旅客機の墜落事故はゼロで、世界中のどこにも発生しなかったそうです。それ以外の航空機でも、事故による死亡者数は世界全体で 59 人だったそうです（自殺等は除く）。数字で見れば非常に安全な乗り物とわかりますね。

回 物をはかるときに天秤は必ず必要か？

さて、先ほどの問題の答えです。バイアスの説明の直後に出題し

ましたが、袋が8枚になったり、コインが300枚になったりしても、騙されることなく「0回」と答えられたでしょうか？

　1枚0.5グラム重いなら、1つずつ持ってみればわかりますよね。全体で150グラムも違うのですから。今回の問題がバイアスの説明なしに出ていたら、うっかりと引っかかる可能性も高まったことでしょう。

　私たちは物の重さを比較するときは、天秤や体重計といった計測器を使わなければならないと思っています。しかし、そうした思い込みが誤解を生み出してしまいます。

　上級問題では「乗せなかった物の重さ」を考えることを、今回の問題では「手に持っても重さの差を知ることはできる」ことを見逃しがちです。思い込みは物事の一側面だけを私たちに見せて、もう一面にフタをしてしまいます。それが問題発生の原因となる、ということは社会で起きている多くの問題を見れば明らかでしょう。

🔲 バイアスの盲点とは？

　また、バイアスの盲点という厄介なバイアスも知られています。たとえば、人が成功を収めれば「運」が良かったのだろうと感じ、自分が成功したのなら、「努力」が報われたと感じやすいものです。

　電車で高齢者に席を譲らない若者に困った若者だと視線を送りながら、自分は優先席に腰を掛けていたり、席の横に荷物を置いていたりしているかもしれません。渋滞に苛立ちながら、自分も原因の1つであることを見逃しがちです。

人は皆、自分は正しく公平で、他人は偏った考えをしていると思い込むものです。それを知ってもなお、「確かに自分のことを正しいと思っている人が多い」と、また自分を外に置いて考えてしまうかもしれません。
　なぜこんな思考が身についているのでしょうか。これは、こう考えたほうが、自分が楽ですし、心を安定させながら日々を生活できるからでしょう。脳は楽な思考に流れがちです。
　大切な選択や、発想を求められたとき、当たり前の習慣に疑問を持てないとき、これはもしかしたらバイアスに流されていないか？　自分だけを特別と考えていないか？　という視点を思い出すことが変化のカギとなるのです。

間違い探し　初級

メンタリストは間違い探しが得意!?

難易度................低
論理力................＋空間認識力・イメージ力
解法セオリー.........比較・消去法

4つの絵のうち、1つだけ他と違う絵があります。それはどれですか。

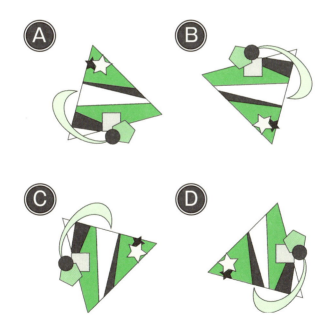

🔲 **観察眼が問われる**

今回は、同じパズルが2つ続きます。難易度の差と、その理由に

ついて解説をしていきたいと思います。
　直感力が高ければぱっと見てすぐ答えがわかるかもしれませんが、そうではない人のほうが多いでしょう。しかし、選択肢の中に必ず答えが入っている問題ですので、消去法を使うのが有効です。
　左右に回転する絵を見て、他とは違う絵を探すパズルです。頭の中で図形を回転する空間認識力、それぞれの絵を比較する観察眼が問われます。
　たとえば形や大きさの違い、色の違い、絵の重なりの違い、絵の中にある個々の形ごとの距離の違いなどが主なチェックポイントになります。

回脳内で向きを修正できるか？

　まずはサッとA～Dをチェックしていきます。その時点で違いに気がつくことができれば数秒で解くことができる問題です。しかし、毎回すぐに気がつくわけではありません。すぐに気がつかなければ、AとB、AとCと、2つずつ見比べていくか、1カ所に注目点を絞ってA～Dの4つの絵を見比べていきます。
　色やその濃淡、面積、形の違い、それぞれの図形の重なり方の差など、細部を見ていくと、違いが見えてきます。
　2つの絵を見比べるために、絵を一瞬記憶して隣の絵と比べますから、注意力を保っておかないとできないのです。さらに、絵がすべて左右に回転していますから、脳内で向きを修正していかないといけません。空間認識力はここで必要となる能力です。
　このような、複数の絵を比べるパズルに最も必要なのが観察眼です。
　観察眼は日常生活においても非常に大切です。普段との違いに気がついたり、新たな発見をしたり、物を探すときや季節の変化を感じる

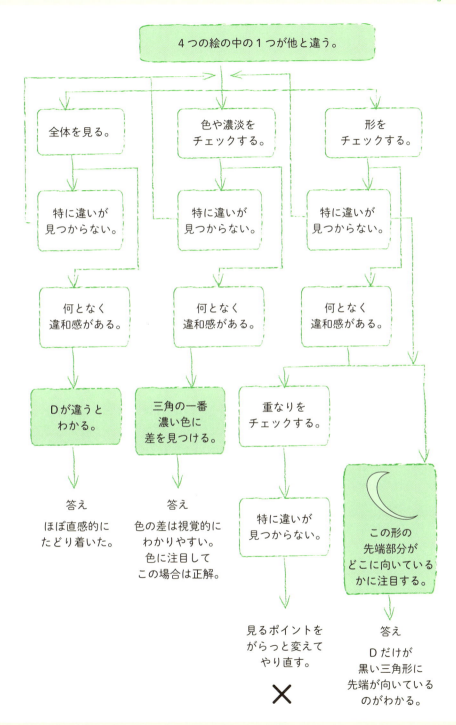

ときにも観察眼を使っています。

◎観察眼が鋭い人は見えないものも見ることができる

　人は五感を用いて外界の情報を体の中に取り込みます。その中で最も多くの情報を占める感覚が視覚です。
　脳全体の約3分の1が視覚情報に関わっているとされるほど、人は目に頼った情報収集をしているといわれています。だからこそ、ちょっとした見た目の差で第一印象を変えられたり、身振り手振りで情報を相手に伝えたりすることができます。
　普段、私たちは「見る」という動作になんの苦労も感じず、ただ目を向けるだけで情報を得ることができるので、脳の消耗を感じることはありません。しかし、見るというのは脳にとって非常に高度な作業です。そのため、錯覚を起こすこともありますし、目がつくり上げた世界に騙されることもあります。
　一方で、視覚情報に頼れない電話や視覚に加えて聴覚にも頼れないメールでは、誤解を招く確率が上がります。そのため、大切な打ち合わせは対面が基本なのでしょう。
　鋭い観察眼を持つ人は相手の視線や手振り身振り、声色などの非言語情報から情報を読み取ります。結果として、相手の意図を正確につかめるため、良好な人間関係を築きやすいでしょう。
　ちなみにメンタリストと呼ばれる人たちは、非言語情報への観察眼を極限まで鍛えた人と言われているそうです。

間違い探し　中級

全体へ向けるもの、
細部へ向けるものという2つの視点

難易度.....................中
論理力.....................＋空間認識力・イメージ力
解法セオリー.........比較・消去法

4つの絵のうち、1つだけ他と違う絵があります。それはどれですか。

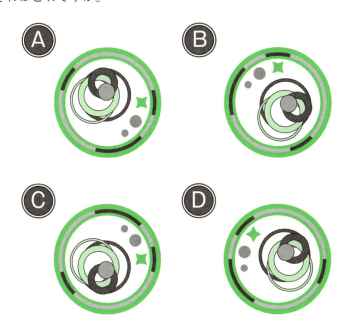

🔲 視点を解放させる

いかがでしょうか。この問題についても解法チャートをご用意しました。

この問題に向き合うと、脳の中で図形を回転させる能力の有無がわかります。苦手だなと思われるなら、空間認識がやや不得手なのかもしれません。

1問目と同じように、色やその濃淡の違いや、形の違い、図形と図形の距離や重なり方の違いなどに注目していると、いつまでたっても正解が見えてきません。細部を見るという注意力の使い方から一度意識を解放しましょう。

そして、回転に注目して、図形を見比べると、左回りと右回りという違いに気づくことができます。

見比べても違いが見つからなかったり、探したいものが見つからなかったりしたときは、さらに細かく見たり、何度も何度も同じところに探すよりも、視点を変えたほうがうまくいくことが多いものです。

🔲 木を見て森も見よう

空間認識力をさらに意識できる問題を用意しました。もう1問だけお付き合いください。

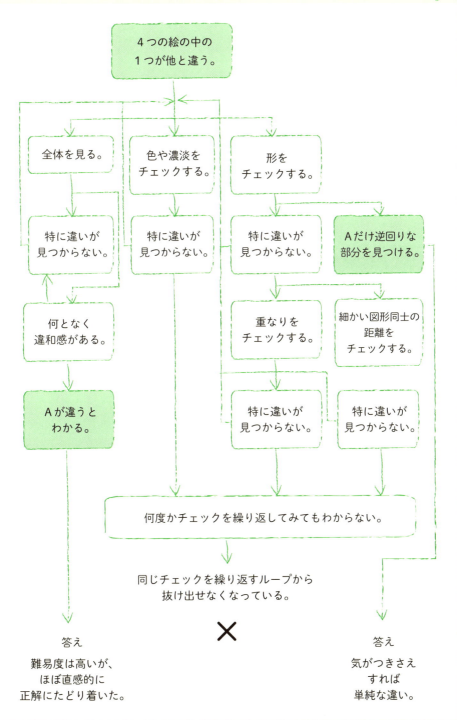

間違い探し　中級2

次の4つの図のうち、1つだけ他と違う図があります。
それはどれですか？

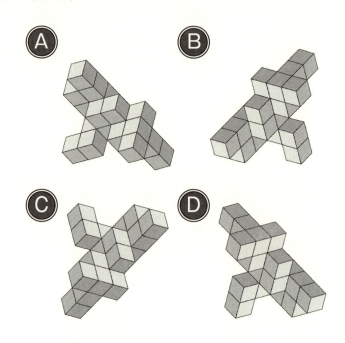

　人の目は、自分が思う以上に騙されやすくできています。見えていないものを勝手につくり上げてしまうこともあれば、変化しているものに気がつかないことも多々あります。はっきりと確実に見えていると思っても、いい加減で自分が見たいように見てしまうものなのです。
　この問題の答えはDです。Dだけ、左右（上下）反転をした図形になっ

ています。

　本書自体を回転させて改めて見比べてください。

　この4つの図形はいずれも立体的に見えるので、ブロックの数を数えはじめるといった誤ったアプローチを考えてしまいがちです。平面としてとらえるのはなかなか難しいと思います。そのため、ここまでの間違い探しの初級と中級の2問は、絵を左右に回転させることが比較的容易にできるのに対し、この問題はその難易度が増したように感じます。

　この問題のように、全体を比較しようとしてもうまくいかないときは、部分に視点をずらして細かい部分を比較するとうまくいく場合もあります。

　「木を見て森を見ず」というのは、目先のことばかりにとらわれて全体を俯瞰できていないこと指す言葉ですが、「木を見て森も見る」というさらに鋭い視点を持つことが大切です。

展開図　初級1

記憶の達人と空間認識力・イメージ力の関係とは？

難易度.................低
論理力.................＋空間認識力・イメージ力
解法セオリー.........消去法

次の9個の展開図の中から、組み立てると立方体になるものを3個選んでください。

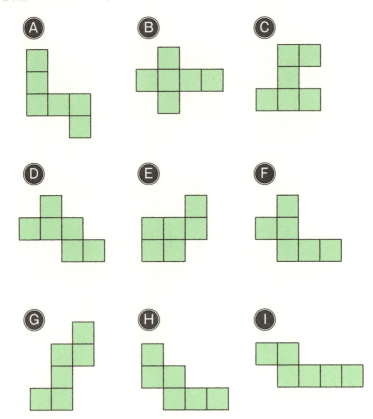

🔲 空間認識能力は男性のほうが優れている

　頭の中で素早く正しく立方体をつくり上げることができる、空間認識力が必要となるパズルです。
　空間認識や数字を扱うことに関係する下頭頂小葉(かとうちょうしょうよう)の大きさが、男性のほうが平均して大きいことや、脳の使い方の男女の違いから、空間認識力は男性のほうが優れている場合が多いといわれています。
　人類の歴史上、男性は狩りを行うことが多かったために、女性よりも空間認識能力が高くなったと考えられているようです。
　狩りでは、距離感や物の大きさをとらえる能力が大切です。その能力の有無が狩りの成果はもとより、大きな獲物との命のやり取りまで左右するのですから、いかに重要かがわかりますよね。その時代の脳の変化が現代人の脳にも影響を与えているとも考えられています。
　一方、女性は色彩感覚において、平均的に男性より優れているといえそうです。男性には同じに見える色でも、女性はその差がわかるという実験結果もあります。
　他にも男女の脳には違いがあります。
　たとえば男性は理詰めで結論を導くことや1つのことに集中することを得意とする場合が多く、女性は細かなことによく気づき、2つのことを同時進行させる能力に優れている場合が多いといいます。
　もっとも、空間認識力に関していえば、鍛えることによって能力を向上させることができますから、苦手だからといってあきらめる必要はありません。

回 展開図パズルで脳内のイメージ力を鍛える

　普段、言葉ばかりで思考したり、記憶したりしていると、せっかくの脳の大きな可能性を生かすことができません。人はイメージを膨らませ、思考や記憶に生かすことで、大きな力を発揮します。
　たとえば、記憶の達人は記憶したい言葉やカードをストーリー仕立てにしてイメージ化したり、通勤に使う道や部屋などの物や場所に結びつけて頭に焼きつけたりと、言葉をイメージ化、映像化しているといいます。
　頭の中でイメージをつくり出す力が高いと、空間認識力だけでなく、記憶力も上昇するといえそうです。

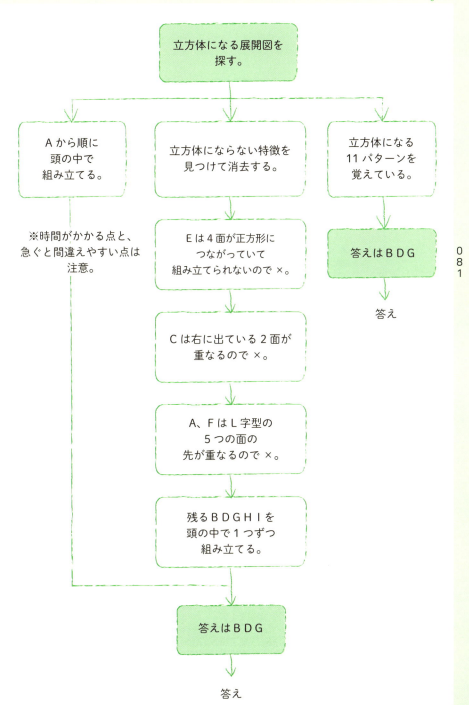

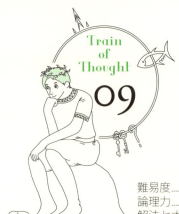

展開図　初級2

自分の進行方向に地図の向きを
合わせる人、合わせない人

難易度.......................低
論理力.......................＋空間認識力・イメージ力
解法セオリー........消去法・代入

組み立てると見本の立方体になるのはA〜Dのうちどれでしょうか。

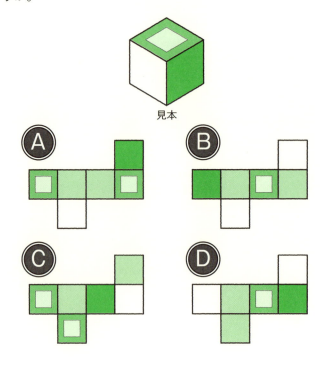

🔲 解法セオリーは消去法と代入

　面の色（模様）が4種類になり、問題が複雑になりました。ハサミで切り取って組み立てれば容易に答えにたどり着けますが、それではあまり空間認識力のトレーニングにはなりません。頭の中で組み立ててみてください。
　この問題のポイントは、見本の中の1つの面に注目し、その面の隣にどの面があればいいのかを考えていくことでしょう。見本の各面に番号を振り、それぞれの選択肢の展開図にも同じように番号を振ってみるとわかりやすくなるはずです。
　問題の形式としては四者択一なので解法セオリーは消去法ということになりますが、このように仮の番号をつけると（解法セオリーでは代入に当たる）、一気に頭の中が整理されるでしょう。

🔲 地図を見るとき、進行方向に地図を回す人は…

　図形を頭の中で回転させたり、2次元の図形から3次元の立方体をイメージしたりする力に自信がある方は、85ページのチャートの右側のように、脳内での図形回転を利用してすんなり解くことができるかもしれません。
　通常はチャートの真ん中にある消去法を使うほうが解きやすいでしょう。イメージを膨らませて図形を回転させるのは頭が痛くなる作

業ではありますが、それも脳をしっかりと使っている証拠です。

「展開図　初級1」は展開図から立方体を、「展開図　初級2」は立方体から展開図を考える問題でした。

「展開図　初級1」では、視点は1つでも組み立てが可能でした。たとえば、1つの面を底辺と決め、残りの面を自分がいる方向に折り曲げるようにイメージすればよいでしょう。もちろん人によって頭の中でのイメージは異なるかと思いますが、どのイメージであっても、同じやり方でA〜Iのすべてを組み立てることができます。

「展開図　初級2」では、いろいろな角度から立体をイメージする必要があり、空間をイメージすることに加えて回転したイメージをつくり上げなければいけません。

地図を見るとき、自分の進行方向に地図の向きを合わせますか？

もし合わせているのなら、この問題に苦手意識を持つのではないでしょうか。

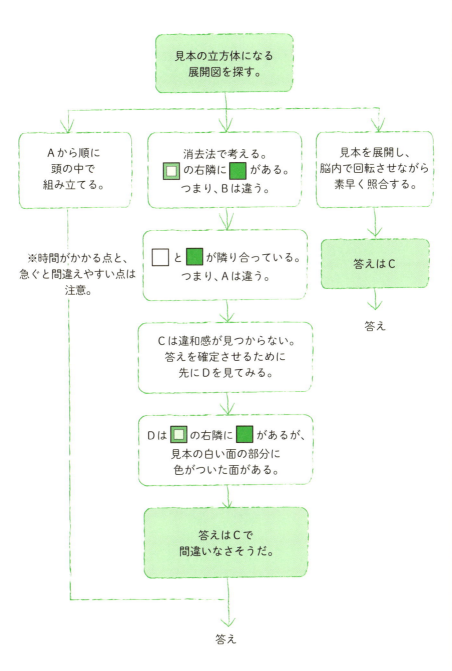

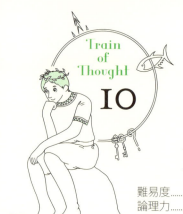

ブロックカウント　初級

一定の束縛があるからこそ、
人はかろうじて人である

難易度.....................低
論理力.....................＋空間認識力・イメージ力
解法セオリー.........シンプル化

ブロックがいくつあるか数えてください。見えないところにも隙間なく同じ大きさのブロックが並べられています。

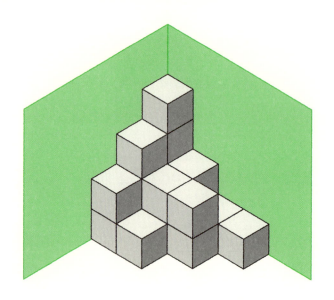

回 見えないものをイメージする力

ただブロックを数えるだけの簡単な問題です。

ポイントは、見えないところにあるブロックを正しくイメージできるかどうかです。たとえば、一番奥に積まれているブロックは何段になっているでしょうか？　それがすぐわかる人は簡単に解けるでしょう。

🔲 ルールがあなたを正解に導く

　最も数え間違いがなく確実に答えが出せるのは、89ページのチャート中央の各位置に積まれたブロックを書き出す方法です。ただ、複雑な図形になると、上から見た図を想像しにくくなりますので注意が必要です。
　慣れてくると、チャート右にある一気に数えていく方法で解答できるでしょう。
　この問題は得手不得手がはっきりと分かれる問題で、次ページに出題した問題ですとかなり正解率が下がります。
　やはり闇雲に数えるのではなく、チャートの右と真ん中のように、何かしらルールを決め、シンプルにそのとおりに進めると間違いにくくなります。
　法律やルール、道徳的な規範があるからこそ私たちは社会や日常生活を成り立たせることができます。登校時間が8時までと言われれば、何の疑いもなくその時間までに校門に入ろうとするでしょう。しかし、「なぜ8時までなんだ？」などと考えはじめたら、脳はそのぶんだけ余計なリソースを消費してしまいます。
　したがって、自分の中で確固としたルールを決め、それに自動的に従うことで物事を進めるやり方は、ストレスを大幅に軽減し、間違いにくくさせる効用があります。

ブロックカウント　初級2

ブロックがいくつあるか数えてください。見えないところにも隙間なく同じ大きさのブロックが並べられています。

先ほどの問題の難易度アップバージョンです。チャートのどの方法で解くかを意識して解いてみてください。チャートの3パターンすべてを試してみるのも脳の使い方が変わってよいトレーニングになるでしょう。

答え：35個

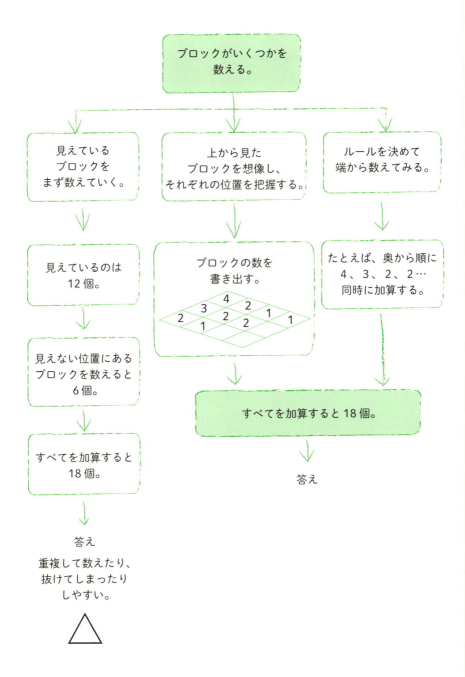

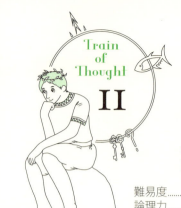

ブロックカウント　中級

なぜ、見えるはずのないものが
見える人がいるのか？

難易度..................中
論理力..................＋空間認識力・イメージ力
解法セオリー..........シンプル化

別方向から見た積み上げられたブロックを見て、ブロックが全部でいくつあるか数えてください。見えないところにも隙間なく同じ大きさのブロックが並べられています。

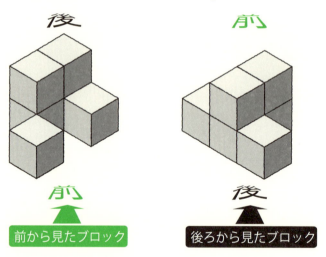

前から見たブロック　　後ろから見たブロック

同じ絵ブロックに見える人、見えない人

　最も重要なのは、前からも後ろからも見えているブロックはどれなのかを把握し、カウントに入れるか入れないかを判断することです。

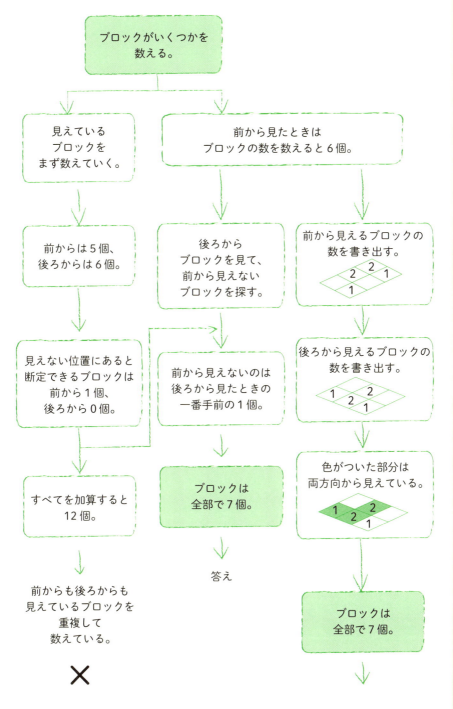

立体を別方向から見た場合をイメージして、何度も図形を頭の中で回転させながら解くことになるでしょう。

91ページのチャートの右側のように1つ1つ書き出して考える方法は、ブロックの数が増えても対処できます。ただ、このくらいの数の場合は、チャート中央の思考方法ですんなり解くことができるでしょう。

ただし、中にはこの前から見たブロックと後ろから見たブロックが同一のものにどうしても見えず、取っ掛かりがつかめないという人もいることでしょう。以下に図説を示しました。ご覧いただけば、腑に落ちるはずです。

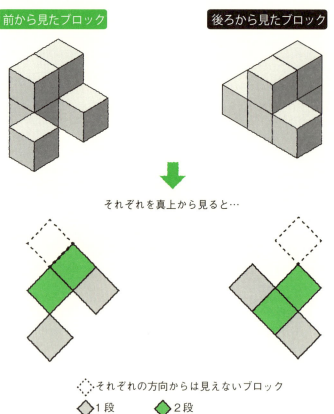

🔲 これが解ける人はハイレベルの空間認識力の持ち主

では、難易度を上げた問題も1つ解いてみてください。

ブロックカウント　中級2

前から見たブロック、後ろから見たブロックを見て、ブロックがいくつあるか数えてください。見えないところにも隙間なく同じ大きさのブロックが並べられています。

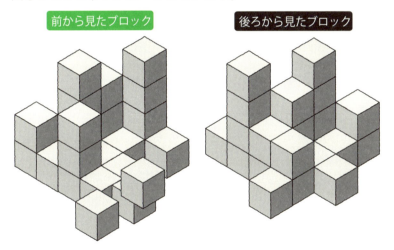

　かなり難易度が上がりました。得意な方はササッと簡単に数えてしまうかもしれません。しかし、この難易度になると難しいと感じる人が増えます。目印となる背の高い部分を意識して数えていくと、いくらか数えやすくなるでしょう。

　次ページの図ように、実際に数字を書いてみると間違えることが少なくなります。チャートの中央と右の思考を組み合わせたような解き

前から見たブロック	後ろから見たブロック
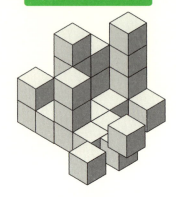	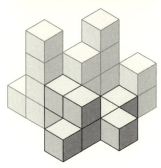
	表から見えないブロックはこの8個。 |乗

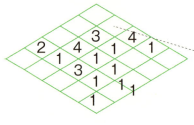 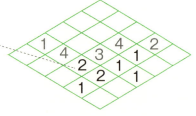

方です。

　前から25個のブロックが確認でき、後ろからしか見えないブロックが8個あるので、合計33個になります。

　空間認識力・イメージ力とは、3次元にある形や距離を正しく把握したり、2次元に書かれたもの（設計図など）から頭の中で素早く立体としてイメージできたり、紙の地図を見て目的地までの道のりがすんなり把握できたり、たくさんの雑多なものがこのスペースにスッキリ収まるかどうかが感覚としてわかったりと、日常でもビジネスでもさまざまな場面で生かされる能力の1つです。

　こういった図形パズル以外でも、街にある建物を上から見たらどう見えるかをイメージし、地図アプリでその建物の衛星写真を覗いてみるのも空間認識力やイメージ力をアップさせるトレーニングになるのではないでしょうか。

天使と悪魔　初級

悪魔を悪魔的にそそのかす

難易度......................低
論理力......................＋言語力
解法セオリー..........発想の転換

　論理パズルとして有名な問題に、「天使と悪魔」があります。天使は必ず真実を語り、悪魔は必ず嘘をつくという設定があり、時折、真実も嘘も使い分ける「人間」が登場します。

　たとえば、あなたは天使ですか？　と尋ねると、天使も悪魔も同じように答えるでしょう。

　天使「はい。私は天使です」
　悪魔「はい。私は天使です」
　ここからは天使と悪魔の問題を3問出題します。
　1つ目の問題です。

ここに1人の妖精のように見える生き物がいます。この生き物は天使か悪魔のどちらかです。1つの質問で見破るにはどんな質問をしたらいいでしょう？　なお、「はい」か「いいえ」で答えられる質問以外には答えてくれません。

🔲 答えは山ほどある

　天使と悪魔の問題の最も単純で簡単な問題です。少しの論理力と言語力、ちょっとした発想の転換ができればクリアできるでしょう。
　ポイントは、天使は必ず真実を語り、悪魔は必ず嘘をつくという極端な設定の裏をかけるかどうかです。
　「あなたは悪魔ですか？」と聞けば、天使であっても悪魔であっても「いいえ、違います」と答えます。これでは見分けることはできません。

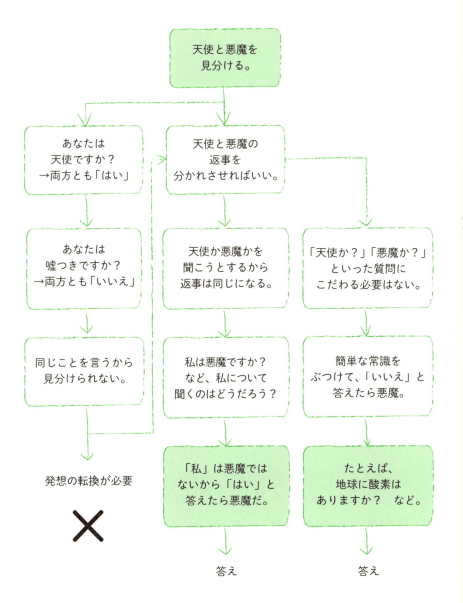

では、どうすればいいのでしょうか？
　つまり、天使と悪魔で答えが分かれる質問をすればいいのです。一見難しそうに感じますが、じつは山のようにたくさんの答えが見つかります。

解答例「私の声が聞こえていますか？」

　この質問に対し、天使は「はい、聞こえています」と答えますが、悪魔は嘘をつくので、「いいえ、聞こえません」と答えます。この答えは明らかに嘘ですから、天使であるはずはないとわかるのです。
　このほかにも、「あなたは天使か悪魔のどちらかですか？」「私の言葉がわかりますか？」「２＋３＝５ですか？」「あなたは妖精ですか？」など、多方面から質問を考えることができます。

回 なぜ赤信号にイライラしてしまうのか？

　天使と悪魔問題は、与えられた情報を正確に読み取り、そこからきわめて論理的に、つまり理詰めで解いていくパズルです。
　しかし、それだけで解こうとすると、行き詰まることもあるでしょう。
　たとえば、天使と悪魔の上級問題は、理詰めだけでは難しい問題です。そんなときに大切になるのが発想の転換です。
　同じ方向からの思考を深く深く突き詰めても答えにたどり着かないときは、別の角度から問題を考えてみるとうまくいくかもしれません。
　質問をする側だけでなく、天使や悪魔になったつもりで考えてみるの

もおすすめです

　ちなみに、このように発想の転換で生まれたと推測できるものは、身のまわりにも溢れています。たとえば、信号が変わるまでの時間が表示される歩行者用の信号機もその１つです。最近、このタイプのものが増えていますよね。人は待たされるとイライラするものです。たとえ赤信号という少しの時間であっても、そこに発生する無駄に思える時間にはいら立ちを覚えてしまいます。

　さて、赤信号でイライラする理由は何でしょうか。「無駄な時間が発生するから」「待たされているから」という答えがまず浮かんできます。もし、それがいら立ちの原因なら、信号が変わるまでの時間が表示される歩行者用の信号機を導入してもなんの解決にもなりません。時間が表示されても待たされる時間は１秒も変わらないからです。

　信号が変わるまでの時間が表示されることで変化するのは「あとどれだけ待てばいいのか」がわかることでしょう。人は先が見えると安心しますし、少しの間でも行動を変える自由を得ることができます。

　待つ人のいら立ちは、本当は「待たされていることそのものではなく、あとどれだけ待てばいいのかわからないこと」から来ているのではないか？　この信号機はそんな発想の転換から生まれたものかもしれません。

　また近年、定番となっている「ワケあり商品」も、本来捨てていたものを「正規品と味は変わらない。ただ見た目が悪かったり消費期限が迫っている。それだけでここまで安い」というお得感を演出することで、ヒット商品に生まれ変わらせました。これも発想の転換の成功例といえるでしょう。

天使と悪魔　中級

真実も語れば嘘も語るやっかいな人間という存在

難易度................中
論理力................＋言語力
解法セオリー........消去法

ここに、天使、悪魔、人間の3人がいます。しかし、見た目はすべて人間に見えます。
A～Cはそれぞれ、天使、悪魔、人間のどれでしょうか？

私は天使です。

私は悪魔です。

Bは悪魔です。

回 **人間は嘘も本当も使い分ける**

天使と悪魔以外に人間が出てきました。人間は嘘も本当も使い分け

ることができる厄介な存在です。

　この問題は、1つのことに気がつくだけで簡単に突破できる問題です。

悪魔は正しく自己紹介ができない

　それぞれ見ていきましょう。Aの「私は天使です」は、天使でも、悪魔でも、人間でも言うことができるセリフです。
　Bの「私は悪魔です」はどうでしょうか？　ここにこの問題を解くカギがあります。天使はもちろんこのセリフは言えません。次に悪魔を考えてみましょう。悪魔が「私は悪魔です」と言えるでしょうか？
　これでは悪魔が本当のことを言っていることになりますから、悪魔もこのセリフを言うことはできません。つまり、「私は悪魔です」と言えるのは本当のことも嘘も言える人間だけです。
　そうなると、Cの「Bは悪魔です」は嘘になります。嘘が言えるのは悪魔と人間だけで、人間はBに決まりなので、Cは悪魔です。
　残るAは天使となります。

消去法の使い方にご用心

　今回のパズルの解法セオリーは消去法でした。パズルでは、消去法は正しい選択肢を選び出すために効果的に使える場面が多々あります。消去法を使うときに注意しなければならない点は、

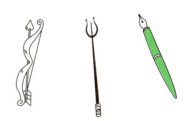

「確実に消去できるもののみを消去する」ということです。これは大前提ですね。

「まえがき」でご紹介したナンバープレースも、消去法の連続で解いていくパズルです。「このマスには1も2も3……も入らない、つまり7しかありえない」とか、「このブロックの中で、あのマスにもこのマスにも5は入らない。つまり残るこのマスが5だ」という解き方です。1つでも間違えると、パズル全体が間違った方向に進んでしまいます。消去法の大前提が崩れるからです。

さて、ビジネスにおいて消去法はナンバープレースのように簡単にはいきません。こんなふうに明確に"消去"できないからです。

一歩間違えれば、「最も良いものを選ぶ」ではなく「悪いものを選ばないだけ」の選択になりがちです。「これもだめだ、あれもだめだ、結局これしかないか」という選び方ですね。この方法が有効な場面も

Train of Thought

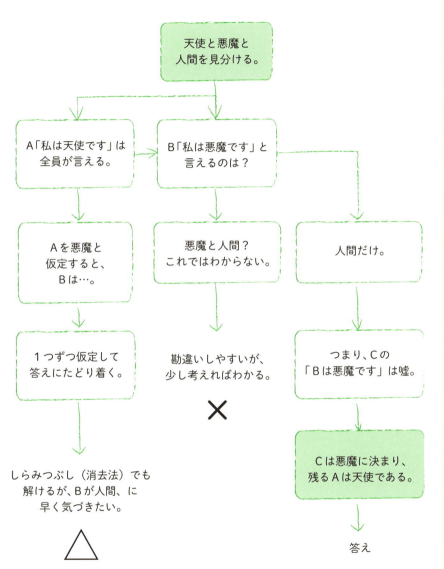

ありますが、積極的なビジネス展開とはいえない気がします。
　たとえば、A〜Jの10社のうちの1社にサイト作成を依頼するとして、見積依頼をしたとします。その結果、価格でH、I、Jを消去、会社が遠いことを理由にF、Gを消去、納期が遅くなると予想されるC、D、Eを消去、結局あまりデザインが好みでないAとBのうち、まだ許容範囲内であるAを選択、ということになるかもしれません。
　もし、これがナンバープレースのように1つのポイントだけで消去できるなら最善の結果を選択できますが、比較材料が多い場合は総合判断を妨げないように使う必要があるでしょう。

14 天使と悪魔　上級

悪魔も天使も同じことを言ってしまう質問とは？

難易度..................高
論理力..................＋言語力
解法セオリー..........発想の転換

あなたは部屋に閉じ込められてしまいました。赤いドアと青いドアの２つがあり、どちらかを開ければ外に出ることができます。ただし、ドアはどちらかを１度だけしか開けられません。

ここに、どちらが天使でどちらが悪魔かわからないＡとＢがいます。あなたは彼らのどちらか１人に対し、「はい」か「いいえ」で答えられる質問を１つだけすることができます。その１問でどちらのドアが外に出ることができるドアなのかを見破ってください。

なお、ＡとＢは双方とも正解のドアを知っています。

赤いドア

青いドア

🔲 ひとひねり加えた質問を

「赤いドアは外に出られますか？」
と聞き、赤いドアが正解だとすれば、天使は「はい。出られます」と答えます。
「私が選ぶドアは正解ですか？」
と聞き、それが正解であれば、天使は「はい。正解です」と答えます。
　1問目のように、1つの質問で天使か悪魔かを見抜くことができる質問はわかっていますが、今回は1問で正解のドアを見抜かなければなりません。正解のドアがどちらかを聞いても、聞いた相手が天使か悪魔かわからなければ意味がありません。
　1つの質問で正解のドアを知るには、もうひとひねり、発想の転換が必要になってきます。

🔲 天使と悪魔に同じことを言わせる質問

　天使か悪魔かわからないAとBがいます。どちらが天使でどちらが悪魔かはこの時点ではわからないのですから、仮にAに質問をすることにしましょう。
　Aに、「赤いドアは外に通じている？」とか、「君は天使なの？」と聞いても無駄です。その答えが本当であるか嘘であるかを見抜くすべがないからです。こうなってくると、2つの質問をつなげる方法が必要になります。

Train of Thought

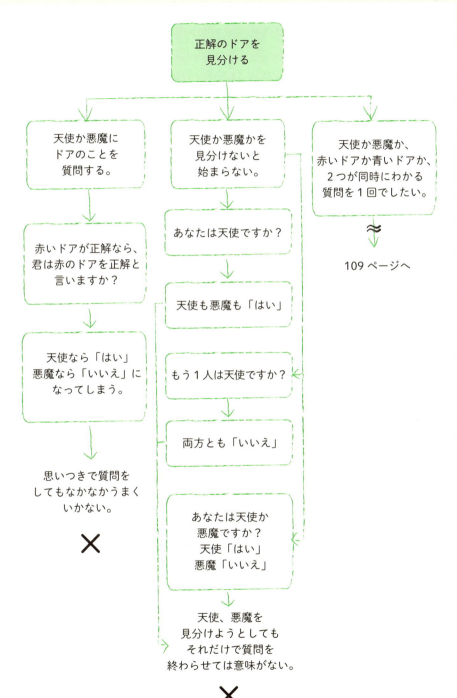

チャートの※1のように、「赤は正解で、かつあなたは天使ですか？」と聞いてみるとします。もし、赤いドアが正解の場合、天使は「自分は天使であり、赤は正解」だから、「はい」と答えます。悪魔は「私は悪魔だから、赤は正解だけど嘘をつこう」となり、「いいえ」と答えます。

　これではAが天使か悪魔かわからないのですから判断のしようがありません。つまり、天使と悪魔に違うことを言ってもらっては困るわけです。同じことを言ってもらい、かつ正解のドアを知ることが求められます。

🔲 もう1人なら？

　この問題の発想のカギは、「もう1人ならどう答える？」と聞くことです。

　たとえば、Aに「Bは天使ですか？」と聞いたとします。すると、Aが天使の場合は、Bは悪魔ですから「いいえ」と答えますし、Aが悪魔の場合は、Bは天使ですから「いいえ」と答えます。

　反対に「Bは悪魔ですか？」と聞いたとします。すると、Aが天使の場合は、Bは悪魔ですから「はい」と答えますし、Aが悪魔の場合は、Bは天使ですから「はい」と答えます。

　つまり、「もう1人に聞いたらどうなる？」という質問は、必ず2人の返答が同じになります。

　したがって、Aに「Bに『赤は外に出られるドア？』と聞いたら『はい』と答えますか？」と聞けば、正解のドアを知ることができます。

Train of Thought

107ページから

```
              ┌──────────────┐
              │ 赤は正解で   │
              │ かつあなたは │
              │ 天使ですか？ │※1
              └──────┬───────┘
                     │
              ┌──────▼────────────┐
              │ 赤が正解なら、    │
              │ 天使「はい」悪魔「いいえ」│
              │ になってしまう。  │
              └──────┬────────────┘
                     │
      ┌──────────────┴─────────┐
      │                        │
┌─────▼──────────┐   ┌─────────▼────────┐
│「Bに『赤が正解？』と│   │ なかなか有意義な │
│ 聞いたら『はい』と │   │ 質問が浮かばない。│
│ 答えますか？」と聞く。│   └──────────────────┘
└─────┬──────────┘
      │
┌─────▼──────────┐
│ 赤が正解なら、 │
│ 天使「いいえ」悪魔「いいえ」│
│ と答える。  ※2 │
└─────┬──────────┘
      │
┌─────▼──────────┐
│ 青が正解なら、 │
│ 天使「はい」悪魔「はい」│
│ と答える   ※2 │
└─────┬──────────┘
      │
    答え
```

天使か悪魔かを見分け、
かつ正解のドアを
知ろうとしても、
なかなか有意義な質問が
浮かばない。

×

答え
「いいえ」なら赤いドアが正解。
「はい」なら青いドアが正解。

「Bに『赤いドアが正解?』と聞いたら『はい』と答える?」

	赤いドアが正解の場合	青いドアが正解の場合
Aが天使の場合	B(悪魔)は「いいえ」と嘘をつくはず。私は天使なので、正直に「いいえ」と答える。	B(悪魔)は「はい」と嘘をつくはず。私は天使なので、正直に「はい」と答える。
Aが悪魔の場合	B(天使)は「はい」と真実を答えるはず。私は悪魔なので、嘘しか言わないから「いいえ」と答える。	B(天使)は「いいえ」と真実を答えるはず。私は悪魔なので、嘘しか言わないから「はい」と答える。

　上の表のように、Aが天使であれ、悪魔であれ、「赤が正解?」に対する嘘の答えを聞き出すことができるのですから、「はい」と答えたなら青いドアが正解、「いいえ」と答えれば赤いドアが正解となります(※2)。

　最後の問題は、問題を解決する糸口を探りだすための論理力が不可欠な問題です。たくさんの質問を頭の中でシミュレーションしていくうちに、あるパターンが見えてきたり、ロジックがわかってきたりして頭が整理されていくでしょう。

　難しい問題は一瞬で答えが見つかるほど容易ではありません。熟考していくうちに正解が湧き出てくるものなのです。

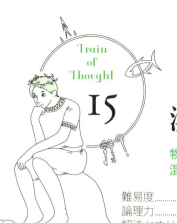

漢字バラバラパズル

物事をテキパキと進められる人、
混乱する人がわかるパズル

難易度.......................中
論理力.......................＋言語力
解法セオリー.........組み合わせ

漢字パズルといえばこのパズルというくらいに有名なパズルです。

次の文字を組み合わせて２字の熟語をつくってください。

🔲 キーとなるピースを探せ

　見た瞬間にピンとひらめく人も少なくないかもしれません。特徴的なピースをもとに全体をイメージするとつかみやすいでしょう。特に「咸」「身」はキーとなるピースです。

「感」が一瞬で見えてしまえば、あとは簡単に答えにたどり着けるでしょう。

　漢字の一部を見たとき、脳は瞬時に脳内からこの漢字は何なのか？と検索を開始します。また、それぞれのピースから意味を感じ取り、全体の熟語を導き出します。このため、一瞬で答えが見える場合も多いのです。

　ひらめきがなくても、「咸」「身」は同じ漢字に使われないだろう、と予想が立てられれば、あとは残るピースが「咸」と「身」のどちらと漢字を構成するのかを考えていくことで「感謝」が見えてくるでしょう。

　２問目も挑戦してください。

漢字バラバラパズル　2

次の文字を組み合わせて２字の熟語をつくってください。

Train of Thought

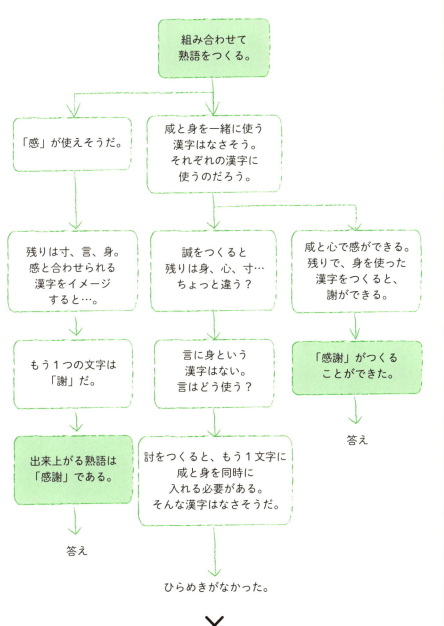

🔲 すぐにわかった人はひらめきのセンス抜群

2問目は難易度が上昇した漢字バラバラパズルです。最も特徴的なピースは「手」「行」でしょうか。「手」は問題作成者によっては「扌」としても使えるケースもあるようですが、ここではそのまま「手」として使います。

まず、行を考えます。この文字は単体で「行く」という漢字ですが、同時に「ぎょうがまえ」という部首でもあります。単体で「行」という漢字にすると、残りのすべてをもう1つの漢字に使わなければなりませんが、そんな漢字は存在しません。つまり、「ぎょうがまえ」と考える必要があります。

ぎょうがまえは、行の「彳」と「亍」の間に漢字の一部が入ります。一通り入れてみると、「衝」が出てきます。

次に「手」を考えます。手を使う位置を考えたとき、漢字の下部（掌など）、もしくは右下（欅など）にくる以外にはないような気がします。

残る「車」「又」「几」を組み合わせると、「撃」が浮かび上がります。

このパズルの答えは「衝撃」です。

では最後にもう1問、難易度が高く、すぐにひらめく確率が低い問題を用意しました。最も特徴的で、とっかかりやすいピースは「广」でしょう。ここから想像を膨らませて、漢字を見つけだしてください。

漢字バラバラパズル　3

次の文字を組み合わせて2字の熟語をつくってください。

　広に己や火を入れても漢字はつくれません。巾を入れても漢字にはなりませんが、漢字の形に敏感な感覚をお持ちの方であれば、「席」という漢字がひらめくかもしれません。
　すぐにひらめいた方は、イメージと記憶をひらめきにつなげるセンスに優れている可能性があります。
　「席」がひらめいたら、席には广、巾、一、凵を使うので、残るは火、己、二です。組み立て方が難しいのですが、頭の中で何十回と試しているうちに、「巻」の文字が浮かぶでしょう。
　答えは「席巻」です。

回 正解できる人とできない人の差とは？

　「感謝」も「衝撃」「席巻」も、ほとんどの人が知っている熟語です。

それでも、正解する人としない人がいるのはなぜでしょうか。
　漢字バラバラパズルは、テレビでもよく見かけるパズルの1つですが、一見、漢字に強そうには見えない人が、他の解答者よりも素早く解答を出しているケースが多々見受けられます。
　漢字バラバラパズルは、もともと同じ漢字を構成していた部位が散り散りになったものを、再構成するパズルです。このため、漢字を知っているだけではなかなかうまくいかず、雑多なものから何ができるかを素早く的確に判断し、組み合わせる力が必要となるのです。
　漢字バラバラパズルを解くとき、脳内では以下のようなヒントが一気に駆けめぐります。

- 「車」や重は画数の多い、漢字の広い部分を占めるピースである。
- 「又」は漢字のいろんなところにつく、たいていは小さなピースだ。
- 「几」は中にピースが入る場合もあれば、小さな部分に存在することもある。
- 「行」は、間に何か入るか、単独で漢字を構成するに違いない。
- 「手」は変わったピースだから、何かひらめくヒントになりそうだ。

　これらのヒントは意識してそれぞれをつなぎ合わせることもあれば、無意識に脳の深いところで直感と結びつく場合もあります。
　このように、多くの情報をうまく組み合わせ、1つのものを構成する能力が問われるのです。
　==この能力が優れている人は、煩雑な物事を進めるうえでの手順を的確にとらえたり、その作業に必要な材料が、いつまでにどのくらい必要なのかを瞬時に判断できるタイプ==でしょう。

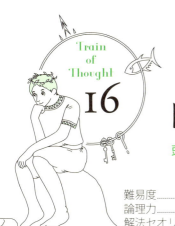

同じ部首で熟語パズル

頭のいい人、悪い人のボールの数と種類

難易度..................中
論理力..................＋言語力
解法セオリー..........代入

同じ部首をつけて、できる熟語は何ですか？

▣ ひらめきが降りないときは…？

　パッと脳内から記憶が飛び出てきて、一瞬でひらめく場合も多い問題です。それがなかった場合にどう考えていくかが問題です。
　119ページのチャートの左「ひらめきをじっと待つ」は、このようなタイプの問題を解く際に大抵行うことですが、なかなか降りてこないことも多いのです。そのあと、どの思考に移っていくかもポイントになるでしょう。適当に思いついた部首を入れるというのも、必ず行う思考ですが、なかなか思いつかないような部首が答えに設定されています。
　チャートの左から2番目にある「無理やり読む」方法は有効な場合も多々あります。読み方からひらめきを得るケースもあるので、やっ

てみる価値は十分にあります。同様に次にある「意味から考える」方法もよいでしょう。

　漢字の成り立ちを考えれば、意味から成り立っている漢字も多く、その意味が熟語の意味につながっている場合も多いのです。また、読み方についても、漢字の一部の読み方がその字の読み方になることが多いということは経験からわかっているでしょう。

　この問題で最も早く答えにたどり着けるとしたら、右側のチャートです。漢字の部首は左に置かれることが多いですが、そのほかにも上、下、囲いとさまざまです。見た目からイメージして、考えてみるのも有効です。

　答えは「姉妹」です。

回 可能性を高めるには

　ヒラメキ系パズルを中心とした謎解きクイズ番組が、よくテレビで放送されています。たとえば、空欄に入る言葉や数字を答える本書のような問題です。

　こうした番組を見ていると、解答者にも2つのタイプがいることがわかります。

　1つ目のタイプはいつも正解している人、2つ目のタイプはたまに正解して驚かれるような人です。この2つのタイプの差はどこから生まれているのでしょうか？

　とても大きな水槽にカラフルなボールがたくさん入っているところを想像してください。

　ボールそれぞれには1つの選択肢が書かれています。今回の「同じ部首で熟語パズル」であれば、ボール1個に1つの部首が書かれ

ています。解答者はそこから1個ずつボールを持ち上げ、答えかどうかを判断することをひたすら繰り返していきます。これは、同じような問題を解くときの基本的な思考の動きを表しています。

🔲5つの思考の差

　先ほどの、いつも正解している人をAさん、たまに正解して驚かれるような人をBさんとして考えてみます。
　すると、主に5つの思考の差が見えてきます。

思考の差1　スピード

　Aさんは検証のスピードがBさんより速く、同じ制限時間内により多くのボールをチェックすることができます。スピードが2倍なら、そのぶんだけ、答えにたどり着く確率が高くなるのです。
　この差は一般的に年齢により広がっていき、若いほうが有利ですが、意識して脳を使うことで向上する能力です。

思考の差2　ボールの数

　考えながら、「えっと、他に何があるかな？」と答えの候補が浮かんでこなくなることがあるでしょう。思考が止まってしまい、頭の中が空白に支配されていきます。時間内にできるだけ多くのボールを検証したくても、ボールがなければそれができません。AさんはBさんよりも多くのボールを用意することができると考えられます。

　この差を生む主な要因は経験と知識によるものでしょう。Bさんがたまに正解できるのは、Bさんの手持ちのボールにマッチした問題がたまたま出題されたからと考えられます。

思考の差3　ボールの選択方法
　Aさんは、「多分青系のボールではないな」などと見当をつけ、なるべく正解しそうな色のボールを選んでいきます。Bさんは色による正解確率の差がわからない（または考えない）ので、手当たり次第にチェックしていきます。

思考の差4　ボールのカラーバリエーション
　次は水槽の中にあるボールのカラーバリエーションの差です。
　ボールのカラーバリエーション、つまり考えられる選択肢がAさんのほうが豊富なため、Bさんが思いつかないような答えを見つけだすことができます。

思考の差5　ボールの整頓力
　1度調べたボールは水槽の外に出さなければいけませんが、Bさんはなかなかそれができず、チェックが終わったボールをまた水槽の中に戻してしまいがちです。
　そして、少しの間隔を置いて、また同じボールを手に持つのです。思考が同じ回路を再び通るため、時間のロスが発生します。

　この5つの思考のすべてにおいて、Aさん側にいる人もいれば、いくつかはAさんだなと感じる人も、ほとんどBさんだと思う人も、だいたいどれもAさんとBさんの間くらいだという人もいるでしょう。
　少しでもAさん側に近づくためには、それぞれの思考の差を意識してみてください。日々の生活やビジネスにおいても、これらの思考の差が成功率を左右する場面が多々あるはずです。

同じ部首で熟語パズル　2
同じ部首をつけて、できる熟語は何ですか？

同じ部首で熟語パズル　3
同じ部首をつけて、できる熟語は何ですか？

同じ部首で熟語パズル 4

同じ部首をつけて、できる熟語は何ですか？

同じ部首で熟語パズル 5

同じ部首をつけて、できる熟語は何ですか？

パズル2答え：兄弟　パズル3答え：尊敬
パズル4答え：話説　パズル5答え：業績

同じ文字で言葉パズル

誰でもできるものはスピードが命

難易度................低
論理力................＋言語力
解法セオリー........代入

□に同じ平仮名1文字を入れて、言葉を完成させてください。

◉「誰でもやればできる」作業はスピードが命

　基本的にはひらめけばそれで一気に答えにたどり着く、あまり考えなくても解けるパズルです。
　しかし、解き方に多少差は出るパズルで、頭の回転の速さや、記憶を引き出す力にも関係する問題です。見ただけで1秒もかからずひらめいた方もいれば、悩んでしまった方もいるでしょう。ただし、1つ1つ当てはめていけば解けないことはない問題です。
　こういう、やれば正解が出る、やれば終わるという作業は日常生活やビジネス上も多くあり、その場合、求められることはこなすことではなく、いかに素早く終わらせるかでしょう。
　そのためには少しでも手数を減らし、集中力を上げて駆け抜けるつもりで突破することが重要になります。
　スピード、注意力といったスキルは、若い脳のほうが有利です。も

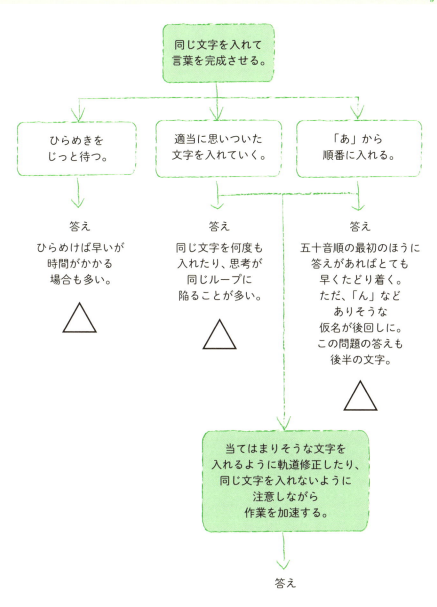

ちろん年を重ねてもこういったパズルなどでトレーニングが可能です。また、経験は年齢をカバーするための味方になってくれます。

　経験は、脳の無意識の領域でも常にあなたを助けてくれます。勝手に思考を続けてあなたに素早く答えを教えてくれることも多々あるでしょう。

　答えは「なまたまご」です。もう２問用意しました。挑戦してみてください。

同じ文字で言葉パズル　２

□に同じ平仮名１文字を入れて、言葉を完成させてください。

最後の文字が半濁音なので、最大５手で答えが出ます。それ以上考えてしまったなら、注意力不足かもしれません。

最後にもう１問解いて、頭をすっきりさせてください。

同じ文字で言葉パズル　３

□に同じ平仮名１文字を入れて、言葉を完成させてください。

パズル２答え：ふらふらーぷ　パズル３答え：うおうさおう

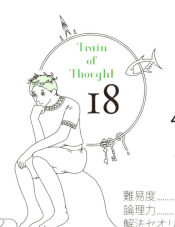

4つの数字　初級

思考のループから脱出する知恵

難易度.....................中
論理力....................＋判断力
解法セオリー.........発想の転換

　切手に印字されている4つの数を使って10をつくる遊びをしたことがある人は多いでしょう。この4つの数で10をつくる遊びは、単純なようでいて結構頭を使います。少し難易度の高い問題をやってみましょう。

　次の4つの数を使って、10をつくってください。使っていい記号は、＋、−、×、÷、（　）、＝です。

9999

▣ 近道を探す

　計算で10をつくるという単純なルールですが、4つの数を組み合わせた計算式はとてもたくさんあります。ピンとひらめくのはなかなか難しいので、可能性を探すために脳内で次々と計算をしていくことになります。

近道は 10 にするために使えそうな数を目指して計算をしていくことです。たとえば、5 は 2 を掛ければ 10 になりますし、6 があるなら 4 や 16 ができないかを探すことができます。
　常に 10 への近道がないかを考えながら、多くのパターンを計算してみましょう。

回思考のループにはまる前に

　9 が 4 つなので、そう多くのパターンは考えられません。
　9 を 2 つ使ってつくれる数は、9 ÷ 9 ＝ 1 か、9 × 9 ＝ 81、9 − 9 ＝ 0、9 ＋ 9 ＝ 18 の 4 つです。ここで、9 − 9 ＝ 0 をつくってしまうと、残るのは同じく 9 が 2 つなので、10 をつくることはできないと判断できます。
　9 が 3 つであれば、9 ÷ 9 ＝ 1 に 9 を足して簡単に 10 になるのですが、9 が 4 つとなると、そうはいきません。9 ＋ 9 ＝ 18 は、9 ではなく 8 という、9 だけでつくるには難しい新たな数字が登場してしまいます。こんなふうに、さまざまなパターンを頭の中でめぐらせていきます。思考はあちこちに飛んでいき、とめどなく動き回るでしょう。
　このように発想の転換を用いて、たくさんのパターンを考えていくのがこの問題を解くカギです。
　しかし注意したいのは、同じことを何度も考えてしまうループにはまってしまうと、考えが先に進んでいきません。脳は知っていることを何度もリピートしてしまうものです。そうならないためには、メモをしながら解き進める方法や、「＋」から順番にグループ分けをしながら考えていく方法があります。

Train of Thought

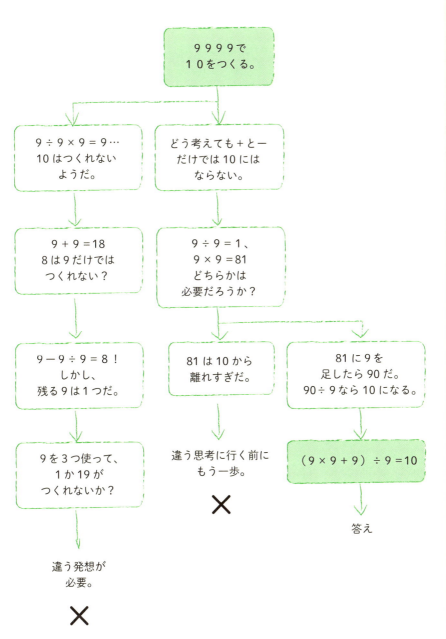

🔲 思考のループに陥ったときの対処法

日常生活やビジネス上でも、考えがなかなか前に進まなかったり、同じことばかり考えてしまったりすることがあるでしょう。特に難しいことを考えているときは、頭が真っ白になったり、すでにわかっていること、決めたことばかりを繰り返し考たりするものです。

そんなときは具体的にどうすれば次の段階に思考を進めることができるでしょうか。

これにはいくつかの方法があります。

一度考えるのをやめる

考えても考えてもわからなかったことや気がつかなかったことがあったとき、気分転換にお風呂に入ったら、ピンとひらめいたという経験がある人も多いのではないでしょうか。

一度考えるのをやめることで脳内で情報が整理され、思考が自動操縦モードに入ります。意識的な思考が本来の脳の自然な思考を邪魔しないので、時にピンとひらめく場合があるのです。

ですから、考えが行き詰まったときは、一度考えるのをやめてみるのもいい方法です。

「本当に間違いないか？」と事実を１つ１つ確認する

同じ場所を思考がめぐっているときは、１つ１つについて「本当にそうなのか？」を確認していくのも効果的です。計算式を１

行1行確かめるようなイメージでチェックします。

　人は意識しないと自分で自分の思考を否定することができないものです。64ページで認知バイアスについて解説しましたが、これをお読みいただくと納得できると思います。

　したがって、自分は根本的に間違っているのではないか、ものすごい勘違いをしているのではないかと強引に思いながら、自分のこれまでの思考をあらためて眺めるのです。

　文章に間違いがないかどうかをチェックするとき、先入観をなくすために文章を逆さまにして読むという方法を耳にしたことがあります。

　自分の目は節穴かもしれない、気がつかなくなっているのかもしれないという視点で考えてみるのも有効でしょう。

紙に書き出す

　何度も同じことを考えてしまうときは、それを紙に書き出してください。目の前にその紙があれば、思考がループする時間が節約されます。いわば、ショートカットとして活用できるのです。

　さらに、どんどん紙に書き出すことで、思考の地図が出来上がり、自分が考えていることが視覚情報としてとらえられるようになるので、理解の速度が増します。

　すると、さらにその思考の先に進みやすくなり、どんどん思考の地図は広がっていきます。

次節は、もう少し難易度を上げた問題です。

4つの数字　上級

同じものでも、別の角度から眺めると
表情が変わる

難易度..................高
論理力..................判断力
解法セオリー..........発想の転換

次の4つの数を使って、10をつくってください。使っていい記号は、＋、－、×、÷、（　）、＝です。

1199

回 頭の回転の速さ

　先ほどの問題と基本的には同じです。たくさんのパターンを次々試していくうちに、解決の糸口が見えてくるはずです。

　この問題は、4つの数で10をつくる問題の中で、難易度が高い問題の1つです。最大のポイントは、分数にして計算することに気がつき、1を $\frac{9}{9}$ に変えることができるかどうかです。そのひらめきを得るために、$\frac{10}{9} \times 9 = 10$ を思考の中に呼び起こすことができれば正解したも同じでしょう。

　こういった問題を素早く解ける人は、頭の中で多くのパターンの計算を瞬時に試しながら、だんだんと10に近づいていきます。無駄な道をなるべく通らずに、当たりをつけていく能力に長けているのです。

　2は $\frac{2}{4}$ にも $\frac{4}{8}$ にもなります。

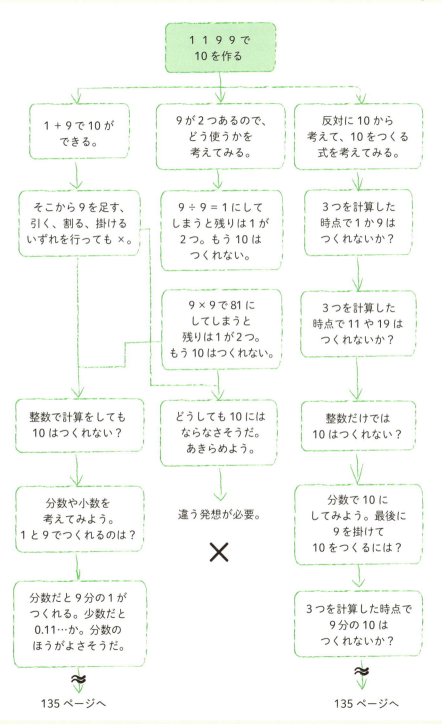

　このように、同じものであっても別の見方ができるという柔軟な発想は、ビジネスでも常に頭の片隅に置いておきたいものです。
　また、数多くのパターンが猛スピードで脳内を駆けめぐるような頭の使い方ができると、頭の回転が速い、数字に対するセンスがいいという印象を与えることができるでしょう。

　下記の2つも難問です。ぜひチャレンジしてみてください。

4つの数字　上級2

右の4つの数を使って、10をつくってください。使っていい記号は、＋、−、×、÷、（　）、＝です。

1158

4つの数字　上級3

右の4つの数を使って、10をつくってください。使っていい記号は、＋、−、×、÷、（　）、＝です。

3478

1158の答え
$8 \div (1 \div 1 - 5) \div 8 = \div 8/5 = (5/5 - 1/5) \div 8 = 8 \times 5/4 = 8 \times 5/4 = 2 \times 5 = 10$

3478の答え
$(3 - 7 \div 4) \times 8 = (12/4 - 7/4) \times 8 = 5/4 \times 8 = 5 \times 2 = 10$

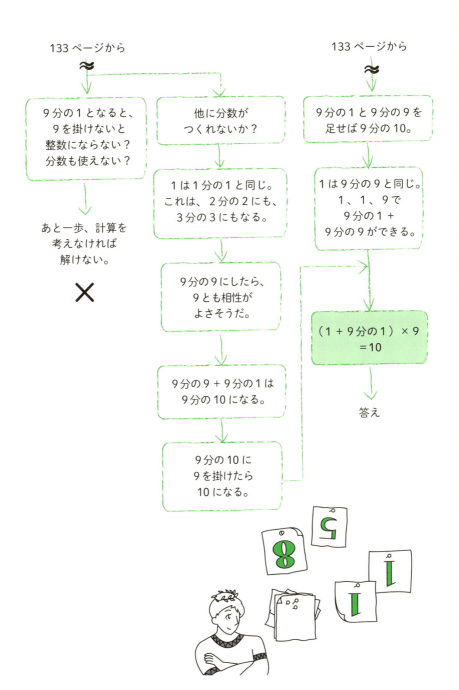

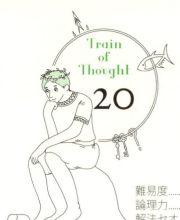

ヘキサム　初級

名前をつけたとたんに生命が宿る

難易度……………低
論理力……………＋判断力
解法セオリー………代入

タテとナナメに直線状に連続しているマスの合計は同じになります。空いているマスに入る数字は何でしょうか。

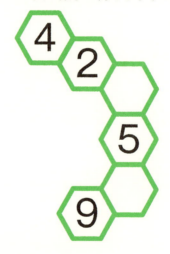

▣ 可能性を絞り込むために

タテとナナメの連続したマスの合計が同じになるというのは、次ページの3本のラインに沿ったマス目の合計が同じになるというこ

とです。

　4＋2＋？と、？＋5＋？と、9＋？がすべて同じ数になります。

　一見、いろんな数が入ってしまいそうに感じられますが、答えは1つです。

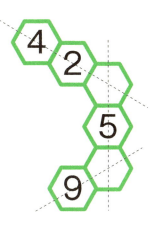

回 名前をつけると物事がはっきり見える

　わかりやすくするために、空欄のマスに名前をつけます。

　空欄（名のないもの）に名前をつけるというのは、簡単そうですが、なかなか思いつかない方法です。ほとんど記号的な扱いとはいえ、A、Bと名前をつけることによって2つの空欄を別物として考えることができ、思考の幅が広がります。

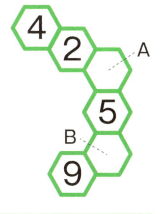

　こうした名もないもの――たとえば抽象的な概念、心の中のなんとも言えないもやもや、問題の背後にある人や物――に名前をつけることは、仮説を発展しやすくし、物事を整理して考える際に大変有効です。

回 最も効率的な方法を選ぶには？

　右ページのチャートのどの解き方を使っても、答えにはたどり着けます。左の解き方のようなしらみつぶしの方法でも、答えを出すことはできました。しかし、1つずつ調べて、1つずつ可能性をつぶしていくというのは、確実性の高い方法ではありますが、とにかく時間がかかるのが難点です。もし、100通り、500通りとパターンが増えていったとしたら、現実的には対処できません。

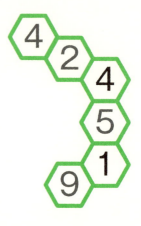

　中央の列にある連立方程式は、この問題には適しており、解きやすい方法です。ただ、難易度が上がると、A、B、C……とアルファベットが増え、解きにくくなります。
　このタイプの問題に最も適した解き方はチャートの一番右の解き方です。式に表す手間もなく、しらみつぶしに数を入れることもなく、問題の図を見ながら解くことができます。
　ビジネスにおいても、しらみつぶしに片っ端から調べたり試したりすることが必要な場合もありますが、それよりも効率のよい方法があるか、常に考える姿勢が大切でしょう。

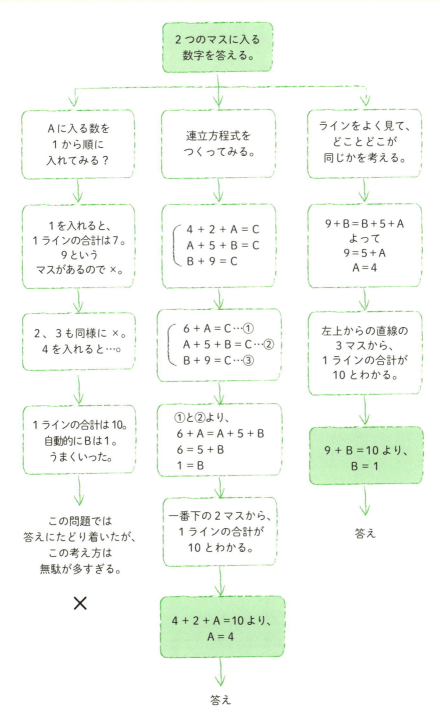

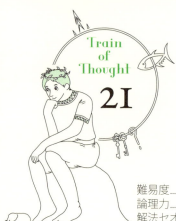

ヘキサム　中級

情報社会を上手に生きる知恵とは？

難易度..................中
論理力..................＋判断力
解法セオリー..........代入

タテとナナメに直線状に連続しているマスの合計は同じになります。空いているマスに入る数字は何でしょうか。なお、AマスとBマスについては「A=B+1」という関係があります。

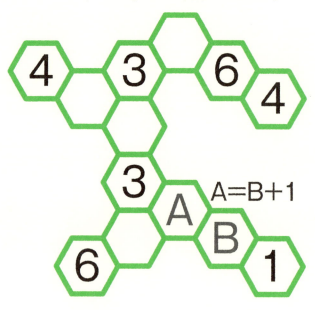

回 いかに多くの情報からベストなものを選択するか

これだけマスの数が多いと、しらみつぶしに数字を入れるには大変

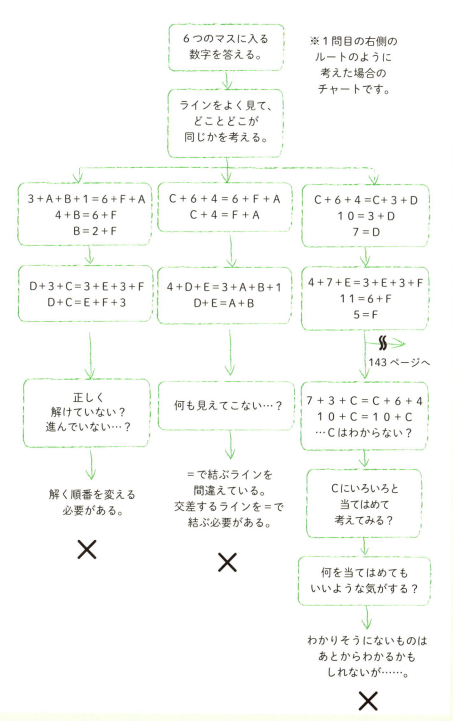

な労力と時間がかかってしまいます。別の方法を考えたいところです。
　また、1問目のときに使った連立方程式もなかなか大変です。1問目では3つのラインでしたが、この問題は6つのラインがあります。
　ここは「ヘキサム　初級」のチャートの右側のパターンのように思考を進めていけないか、考えてみてください。

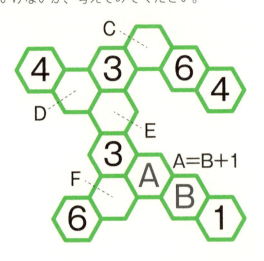

　わかりやすくするために、空欄のマスに名前をつけます。
　マスが多く、どこから考えていいのか迷いますが、まずはいろいろと手を動かして解き進めてみると考えが前に進んでいき、だんだんと整理されていきます。
　1つ数がわかったら、それによってどこかがわかるようになったはずと考え、近くのラインからヒントを読み取るように進めていきます。この問題を解くために重要な脳の力は、多くの情報の中から、今使える情報を選択し、そこから思考を進めていくという判断力です。

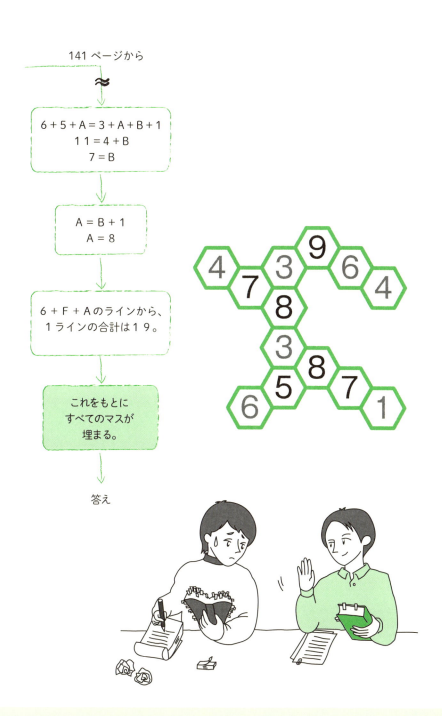

回 クロスワードと組み立てる力

　Ａさんが今晩のメニューを考えていると想像してください。特に食べたいものが決まっているわけでも、つくりたいものがあるわけでもなさそうです。これがクロスワードの、どのマスも埋まっていない状態です。
　そこでＡさんはいくつかのマスを埋めるために、冷蔵庫を開けます。あるものをチェックしてそこから献立を決めようという作戦です。そして、冷蔵庫の中に牛乳と人参を見つけました。そういえばジャガイモとタマネギもあります。だんだんとマスが埋まってきました。Ａさんが見つけ出した答えはクリームシチューだったようです。
　日常生活やビジネスにおいて、どこから手をつけていいかわからなくなることはよくあることです。そんなときには、Ａさんが冷蔵庫を開けたように、何か行動を起こして、全体の流れをつかむことが求められるでしょう。何かが決まれば他も連動して動き始め、決まっていくものです。
　真っ白な紙に目標物までの地図を描くときも、最初の１本の線を書き出さない限り先には進めません。プレゼンの資料をつくるとき、全体の流れや入れたいことをずっと考えこんでいるより、まずは何かをつくってみることで全体が見えてくるものでしょう。
　「クロスワードの１ワードを埋めてみよう」と考えると、行動力の上昇と、作業の円滑化が期待できそうです。

帽子パズル　初級

人は相手の気持ちを考えることができる
特殊な生き物

難易度......................低
論理力......................＋多角的思考力
解法セオリー.........視点の憑依

　帽子パズルを楽しんでいただくために、基本的なルールがわかる簡単な１問を出題します。

　　仕掛け人である教授の呼びかけで、論理力に自信のある、北島、今野、里田の３人が集まりました。
「ここに、緑の帽子が２つ、黒い帽子が２つあります。」
と説明しながら、３人に帽子を見せると、教授は３人にそれぞれ１つずつ帽子を被せて１つを隠しました。３人はそれぞれ、他の２人が被っている帽子は見えていますが、自分の被っている帽子の色はわかりません。そして、３人に言いました。
「自分が被っている帽子の色がわかったら手を挙げてください」
今回、北島と里田が緑の帽子、今野が黒い帽子を被っています。自分の被っている帽子の色が先にわかるのは、北島、今野、里田のうち誰でしょうか？

🔲 それぞれの立場になって考える

ポイントは、それぞれの人の立場になったつもりで、論理力や多角的思考力を使って想像を膨らませることです。

たとえば、今回の場合、「緑の帽子の2人ならどう考えるだろうか？」「黒い帽子の1人からはどんな場面が見えていて、そこからどう思考を進めていくのだろうか？」と考えていきます。

🔲 相手がどう自分を見ているかを考える

右ページのチャートのどの道を通って解きましたか？

右の2列のどちらかの場合が帽子パズルの基本的な解き方です。今回の問題の場合は、残っている帽子に注目し、黒い帽子が残っているとすぐに気がつくのは誰か、と考える左から2番目の解き方が最も早く解くルートかもしれません。

しかし、難易度が上がるとこの「人からどう見えるか？」という視点が大切になります。

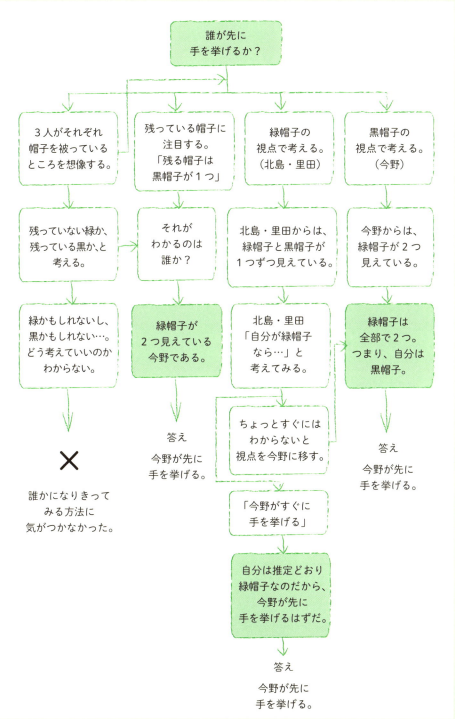

人は相手の気持ちを考えることができる特殊な生き物です。お客様目線だとか、女性目線だとか、若者をターゲットにするために若者の考えをリサーチするなど、ビジネスは人を相手にしますから、相手の気持ちになって考えることが重要視されますね。
　今回のような帽子パズルでは複雑な考えが要求されます。Ａの気持ちになってＢやＣのことを考え、さらにＢの気持ちになってＡやＣの気持ちを考え……。
　視点を自分から相手にずらしてみると（視点の憑依）、見える景色も変わります。相手の気持ちになることは簡単なことではありませんが、人は過去の自分を想像したり、アニメやドラマのキャラクターに感情移入したり、自分の中に設定を変えたもう１人の自分をつくることさえできます。
　こうした能力が高い人は、きっと多様性を受け入れやすく、政治的なバランス感覚に優れているのではないかと想像できます。一方で、「不寛容社会」という言葉がＮＨＫの番組で特集されるなど注目を集めましたが、「視点の憑依」という姿勢を忘れている人が多いことの証左なのかもしれません。

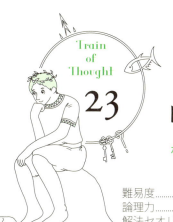

帽子パズル　中級

相手の立場になって考えるコツ

難易度.....................中
論理力.....................＋多角的思考力
解法セオリー.........視点の憑依

青い帽子3つ、黄色い帽子2つ、緑の帽子1つがあります。教授の呼びかけで、論理力に自信のある新垣、北島、今野、里田の4人が集まりました。

まず、3人は、青い帽子3つ、黄色い帽子2つ、緑の帽子1つが用意されていることを確認しました。そして、教授は4人に帽子を被せました。4人は、前回同様、自分以外の3人が被っている帽子の色はわかりますが、自分は何色の帽子を被ったのかはわかりません。教授は残りの帽子を隠して言いました。

「自分の帽子の色がわかったら手を挙げてください」

もし、新垣が青、北島が青、里田が黄、今野が緑の帽子を被っている場合、最初に自分の帽子の色がわかるのは誰でしょうか？

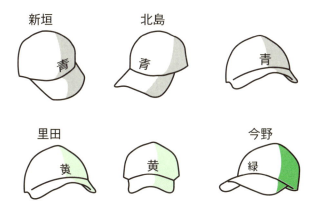

🔲 登場人物全員「論理的」だから成り立つパズル

　今回は「帽子パズル　初級」ほど簡単に手を挙げることはできません。4人とも論理力が高いというのがヒントです。
　たとえば、Aは「Bは論理的に考えてこう思っているだろう、Cはこんな推理をしているだろう」と考えることができますね。
　前問147ページのチャートの右2列の考え方をイメージして解いてみてください。

🔲 最も不利な人、有利な人は？

　最も不利と思われるのは誰でしょうか。4人は青、黄、緑の3色の帽子のいずれかを被っていますが、緑は1つだけです。つまり、緑の帽子が見えている人は、自分は青か黄色のどちらかだとわかります。緑が見えていない人は誰でしょうか。
　緑の帽子を被っている今野から考えてみましょう。今野以外の3人は、緑の帽子が1つ見えているので、自分は青か黄色と2択に絞ることができますが、今野だけは3択です。なかなか難しい思考に悩まされそうです。

　今野「青2つと、黄1つが見えている。残るは青、黄、緑が1つずつか……。自分が青なら、里田からは青が3つ見えるが、その場合、里田は『自分は黄色か緑だ』と考え、絞れない」

　次に里田の場合を考えてみましょう。目の前には青い帽子2つと

Train of Thought

```
                    ┌─────────────────┐
                    │ 青、黄、緑の     │
                    │ 誰が最初に      │
                    │ 手を挙げるか？  │
                    └─────────────────┘
                                              153 ページへ 〰→
```

- 残っている帽子から考える。
  - 残っているのは青1つと黄色1つ。
  - ✕ 帽子を被っている4人が知らない情報を考えるより、別のアプローチのほうがよさそうだ。

- 黄色帽子の視点で考える。（里田）
  - 里田からは、青2、緑1が見えている。
  - 自分は青か黄。
  - 自分が青なら、黄色が2つ隠れている。
  - 黄色が2つ隠れているとわかる人はいない？
  - ✕ 思考が迷路に迷い込んだかもしれない。

- 緑帽子の視点で考える。（今野）
  - 今野からは、青2、黄色1が見えている。
  - 自分は青か黄か緑。
  - 今野の視点ではどう設定してもなかなか答えが見えない。
  - 今野の視点では正解が見えてこない。
  - ✕

緑の帽子1つがあります。つまり自分は青か黄色です。そしてこんなことを考えるでしょう。

> 里田「もし自分が青だったとしたら、青が3つに緑が1つになる。これでは黄色がどこにもないから、みんな自分が黄色かもって思うよなあ。うーん、もし自分が黄色だったら、まだ誰も1つに絞れないぞ。つまり………」

里田もまだ答えにたどり着けません。
そこで次に青い帽子を被っている新垣と北島の場合を考えます。目の前には3色の帽子が1つずつ見えています。たとえば新垣の気持ちになって考えてみましょう。

> 新垣「仮に自分が黄色だったとしよう。北島はこう考えるはずだ。『新垣が黄、里田が黄色、今野が緑か。用意されている帽子のうち、青以外すべての帽子が見えているから、自分は青しかありえない！』……それなのに、北島はまだ考えている。つまり自分が黄色という仮説が間違っているわけだ。つまり自分は青だ！」

同じように北島も「仮に自分が黄色だったら……と」考えたはずです。そして2人は手を挙げます。
4人とも論理力が同じくらい高いと仮定した場合ですが、最も早く手を挙げるのは新垣と北島と考えられます。

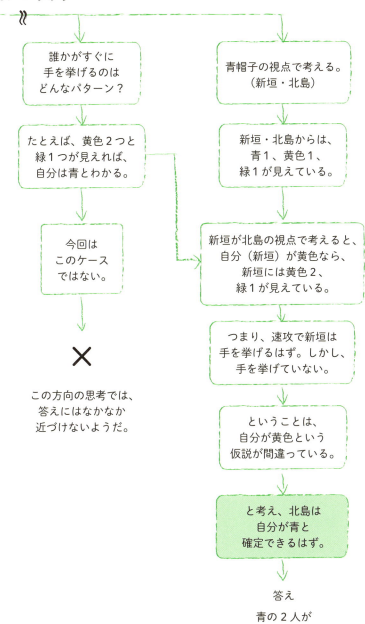

マッチ棒パズル　上級1

頭が硬い人は絶対に解けないパズル

難易度........................高
論理力........................＋多角的思考力
解法セオリー........発想の転換

マッチ棒で書かれた数式があります。ここからマッチ棒を2本動かして、正しい式をつくってください。

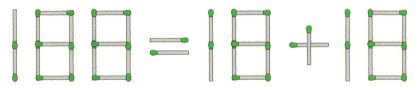

回 違和感の正体

　一見普通のマッチ棒パズルのように見える式ですが、じつは少し違います。この問題を解くためには論理力と多角的思考力に加え、解法セオリーとしては発想の転換が必要になります。

　この問題は、2パターンの正解があります。ここでは、そのうち1つの答えへの道筋をチャートにしました。もう1つの答えは最後にお伝えします。

　ポイントは、式を見たときの違和感を大切にすることです。あなたが感じた違和感は、作者の意図や問題の核心を突いているのかもしれません。この問題を見て、違和感があるとすればどこでしょうか？

回 どうしたって式が成り立たないときは

普通の計算式としてとらえると、157ページのチャートの左側にあるように答えにたどり着くことはできません。どこかで発想の転換をする必要があります。

まず、マッチ棒を見て、188 ＝ 18 ＋ 18 と読むことができます。これを普通に計算すると 188 ＝ 36 となります。ずいぶん右辺と左辺の数に差があります。これを少しでも近づけるために、＋を構成する2本のマッチ棒をナナメにして×を表しても、18 × 18 ＝ 324 となり、全然近い数字にはなりません。となると、演算子は＋か－となりそうです。＋のままとすると、右辺の 18 のどちらかの 1 の位を 0 にするか、左辺の 1 の位を 6 に変える必要があります。しかし、それができたとしても、根本的に桁数が合わず、うまくいきません。桁数をそろえるために左辺の 1 を取り除いても 2 本の行き場に困ってしまいます。

このままでは解けないので、思い切って逆さまからマッチ棒の並びを見てみましょう。81 ＋ 81 ＝ 881。81 ＋ 81 を計算すると 162 ですから、2 本動かしただけではどうにもならなさそうです。この発想は早めに見切ったほうがいいでしょう。

回「そもそも計算式なのか？」という疑いの大切さ

最初のポイントは、これはもしかしたら数の計算式ではないのかもしれないという発想の転換をすることです。この発想が浮かべば問題の半分は解決しているといってもいいでしょう。そこから、多角的思考力を用いてさまざまな見方をしていきます。

18ではなく、下の1本を取り除いて1Aにするのかもしれません。そうなれば1ではなくIと読むのかもしれません。8は2本取り除けばEにもなります。このように発想を飛ばしているうちに、漢字という選択肢も浮かんでくるでしょう。一度8が日に見えれば、思考は一気に動き出す可能性があります。1日は24時間ですから、2日は48時間です。

　48時間＝1日＋1日。これがこの問題の答えです。

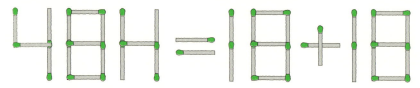

◨ 見方を変えるという柔軟な多角的思考力と発想の転換

　マッチ棒はデジタル数字の表し方で数字を表現します。8は日とも読めますし、5はSとも読めます。505だと思ったらSOSかもしれないのです。必要になるのはものの見方を自由に変える、柔軟な多角的思考力と発想の転換です。

　ところで、もう1つの答えは見つかりましたか？　同じように8を日と考えて導き出すことができます。

　「12日＝11日＋1日」が答えです。こちらのほうが短い思考回路でたどり着きそうですね。この答えで正解した人のほうが多いのではないでしょうか？

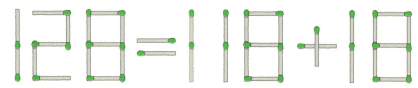

マッチ棒パズル　上級2

制約があるからこそ、人生もパズルも面白い

難易度..................高
論理力..................＋多角的思考力
解法セオリー........発想の転換

マッチ棒で書かれた 3808 という数があります。ここからマッチ棒を2本動かして、数を最も大きくしてください。

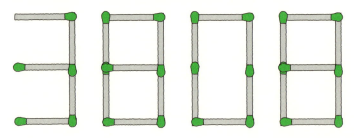

▣ **簡単なルールだからこそ、答えを深読みする**

　マッチ棒問題の一種ですが、計算式でも図形でもありません。ただ、数字を大きくするという比較的単純にも見える問題です。この問題は、論理的思考（垂直思考）と水平思考の両方を多角的にバランスよく使います。

　身も蓋もないですが、ポイントはまずやってみることです。たとえ

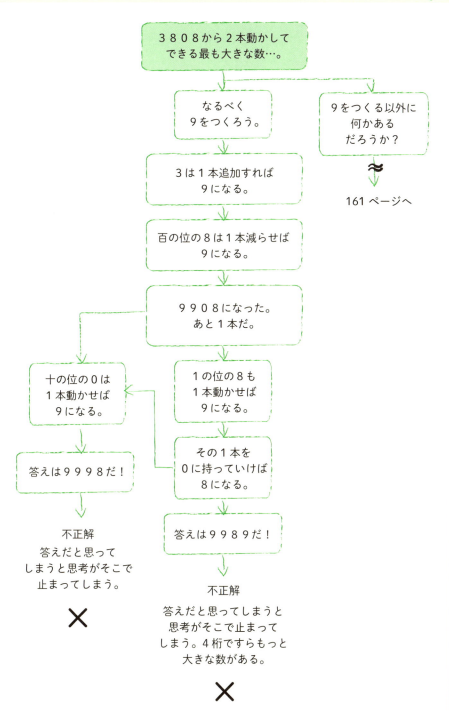

ば、3 は 1 本移動させれば 2 や 5 に、1 本増やせば 9 になります。動かす本数は 2 本と決まっているので、できることは限られてきます。あれこれやってみているうちにひらめきが降りてくるでしょう。

チャートにあるように、マッチ棒でつくれる 1 桁の数で最も大きな数は 9 です。この問題を見て、一気に桁を増やすということを直感で理解してあっという間に答えを導き出す人もいるでしょう。この問題は、直感で一気に答えにたどり着く人もいれば、コツコツ進んでいく人もいます。大切なのは、途中でここがゴールと思いこまず、常に疑問を持つことです。

チャートは 4 つのルートが記されていますが、その中の本当の答えは 1 つだけです。この問題の厄介な点は、答えにたどり着いたと安心してしまうところにあります。本当の答え以外の 3 つの答えもそれなりに答えらしく、これでいいのではないかと思ってしまいます。

そこから、「本当にこれでいいのか？」と考え、さらに思考を進めていくことができれば答えにたどり着く可能性は高くなるでしょう。

回 マッチ棒を立てて「・」として掛け算にする

たとえば、1 の位にある 8 の 1 本を取り除き、9 とします。その 1 本のマッチ棒を上から見ればマッチ棒の頭だけが見えるように 0 と 9 の間に立てて、380 × 9 とするというような工夫も考えられるかもしれません。この問題の場合、それでも正解にはたどり着けませんが、もしこの方法で大きな数を出せたとしても、こう思うでしょう。

「マッチ棒を立てるのはありなのだろうか？」

Train of Thought

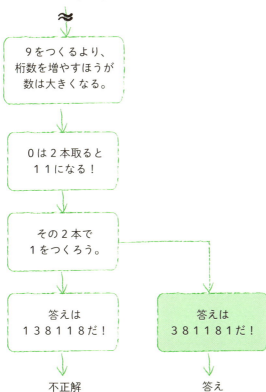

マッチ棒を立てるとか折るといった発想はとても面白いですし、そうひらめいたのは鋭いと思います。それでも、「マッチ棒を立てるのはありなのだろうか？」という疑問を残してしまう方法でもあるため、いざそれが正解と説明されても、「それはずるい」と思われてしまいかねません。
　パズルは制約の中で考えるからこそ面白い問題が多数あり、マッチ棒パズルもその中の1つです。問題文に「マッチ棒を折ったり立てたりするのは禁止です」などと書いてある場合もあります。ただ、書いていなくても、たいていの場合は違う方法を探したほうが作者の意図するひらめきにたどり着けると考えたほうがいいでしょう。
　日常やビジネスでも、相手の意図する答えを推察することは常に求められますから、作者の意図するものは何だろうと考えてみるのも、その練習になるはずです。
　ちなみに、何をやってもいいのならこんな方法もあります。
　1の位と100の位の8から1本ずつ取って、「^」をつくり（マッチ棒を折るべきかもしれませんが）、3の909乗や390の9乗をつくります。結果、390の9乗も3の909乗も果てしなく大きな数になります。
　ただ、これを正解としても面白いとは感じないでしょうし、考えて損をしたと思わせてしまいます。もし、「^」を思いついた人がいたとしても、まさか正解とは思わないでしょうし、そもそも「3808」という数の並びに意味を見いだせなくなってしまいます。

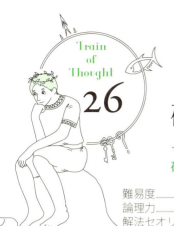

砂時計パズル

マルチタスクを上手にこなしていく方法を
砂時計に学ぶ

難易度........................中
論理力........................＋試行錯誤力・積み上げ思考力
解法セオリー........組み合わせ

3分の砂時計と、4分の砂時計を使って、5分をはかってください。

4分の砂時計　　3分の砂時計

🔲 砂時計の時間を組み合わせても解けない

　この問題は、計算を主体とした算数の力（和、差）と、論理的に考えながらいろいろなパターンを試していく、論理力と試行錯誤力・積み上げ思考力が必要なパズルです。また、紙に書かずに解く場合は、

途中途中の砂時計の状態をイメージし、記憶しなければならないため、ワーキングメモリ（作業記憶）も必要とします。

　ポイントは、それぞれの砂時計の時間をどう組み合わせれば、はかりたい時間に近づいていくかです。

　とはいえ、「3分と4分の砂時計を使って5分をはかってください」というこのパターンの問題は、砂時計の時間を組み合わせるだけで答えにたどり着くことは稀です。それで解けたらそもそも「問題」とはいえません。

　では、単純に2つの砂時計の時間ではなく何を組み合わせればいいのかを考えてみてください。すると、2つの砂時計の「差」を組み合わせるという突破口が見えてきます。

◉差を組み合わせて1分をつくる

　3分と4分の砂時計で、3＋2をつくるのか、4＋1をつくるのかが思考の分岐点です。ここでひらめかなければいけないのは、3分と4分の差は1分である、という点です。

　また、3分の砂時計は1分進めれば2分も、ひっくり返して1分もはかることができます。

　頭の中で2つの砂時計をイメージしてください。3分の砂時計が終わって、3分の砂時計をひっくり返します。4分の砂時計はどうなっていますか？　1分残っていますね。

　次に、4分の砂時計が終わったとき、3分の砂時計はどうなっていますか？　あと2分です。1分だけはかりたいのに2分残っています。

　ここで、この砂時計は合計3分だから、ひっくり返せばあと1分

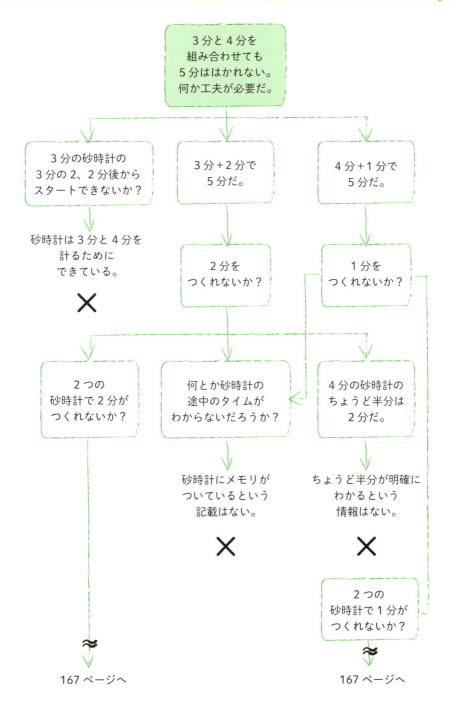

が計れる、という発想が持てるかどうかがこの問題を解くカギです。砂時計は進めるか、ひっくり返すかしか操作の方法がありませんから、発想はしやすいでしょう。

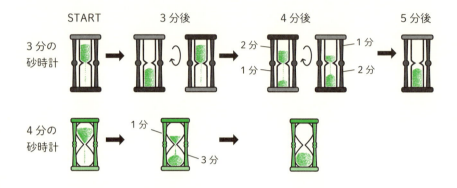

回 同時進行は生産量を2倍にするか？

砂時計パズルは、時間の異なる2つの砂時計を同時進行で進める問題でした。脳内では2本の砂時計をどう組み合わせるか、ああでもないこうでもないと思考がこんがらがります。

さて、時間を組み合わせるというのは、私たちが日ごろから常に行っている重要な作業の1つです。

学生時代、期末テストに向けて何から勉強していこうか考えていたでしょう。

「暗記科目は直前に頭に叩き込もう、まずは数学からやるか、いや、気分が乗らないからまずは国語からやろう。ただし漢字は暗記だから

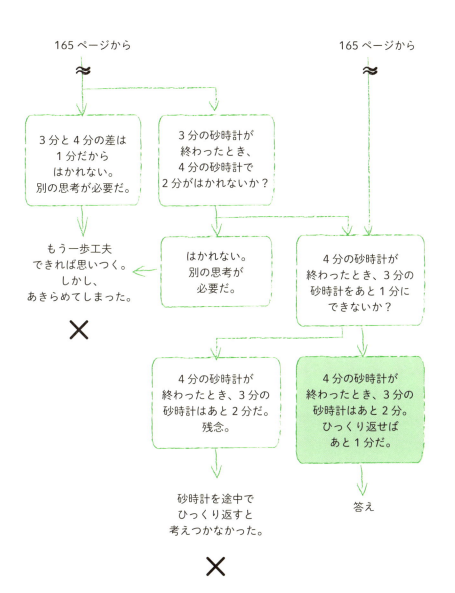

なるべく直前に回して……」
　多くの学生がテストに向けて自分なりの戦略を立てていたはずです。そして、時間の使い方が上手な人は、同じ時間を使ってもより多くの成果を出すことができます。
　時間の組み合わせの軸が2本以上になるとさらに複雑になります。
　毎朝、夫や子供を職場や学校に送り出す主婦の姿を想像してみてください。コンロAでソーセージと小松菜を炒めながら、コンロBでゆで卵をつくり、コンロCではフライやコロッケがパチパチ音を立てています。その間でも子供の身支度に気を配り、朝食も同時に用意して、ちょうど7時半には弁当箱にすべてを詰め込んで学校や職場に送り出します。
　私たちの脳は、このようにいくつものタスクを同時進行する能力を備えています。したがって、2つ3つの仕事を同時進行できるようになれば仕事がはかどるのではないかと想像してしまいます。
　しかし、これはなかなか難しい問題です。

▣ マルチタスクと脳

　たとえばAさんが新聞を読みながらテレビを見ていて、そこに家族が話しかけてきたとしましょう。Aさんは家族との会話に参加しながらも、新聞から目を離さず、テレビも気になっています。
　確かに「新聞を読む」「テレビを見る」「会話をする」の3つを同時にこなしていますが、これを仕事でやったとしたら、問題が起こるのはすぐにわかりますね。
　「新聞を読む」「テレビを見る」「会話をする」の3つをすべて100％

ではできていないからです。一般的に、いくつかのことを同時に行うマルチタスク（デュアルタスク）は、そのすべての精度を著しく下げ、合計で100%も発揮できないと言われています。

確かに先ほどのAさんは、新聞を少ししか読めず、テレビの内容も頭に入らず、家族から「ねえ、聞いているの？」と言われている姿が想像できます。

しかし、中にはマルチタスクを得意とし、複数の作業を何の苦もなくこなしてしまう人もいるのだとか。

彼らは脳の構造自体が進化しているとも考えられているので、彼らのようになるのは難しいかもしれません。それでも、マルチタスクをうまくこなせるようになれば仕事もきっと今よりうまくいくはずです。では、どうすればいいのでしょうか？

🔲 上手なマルチタスクとは

脳は基本的にシングルタスクを得意とします。1つずつ仕事に力を注ぎ、それが一段落すれば次の仕事に移る、というやり方が合っているのです。複数の仕事を同時にやっているときでも、基本的には仕事Aを少し進めて、次に仕事Bを考えて、次に仕事Cの予定を立てるというように、1つずつ対処しているはずです。

しかし、否応なしにマルチタスクをしなくてはならない場面——メールをチェックしている途中に電話が鳴り、突然の仕事が何の前触れもなく襲ってくる職場では、常に複数のタスクを動かしている状態になりがちです。

こんなときに意識したいのは、上手にマルチタスクをしている次の

ような状況です。

　私たちは歩きながら歌を歌うことができます。人のいない体育館のような広く安全なところなら、本を読みながらだって歩けます。漢字を暗記しながらおにぎりを頬張ることも簡単です。会話をしながら料理をすることも、それなりにできます。これらであれば、マルチタスクをしたほうが効率はいい気がしますね。

　なぜマルチタスクに向く動作と向かない動作があるのか、そこには脳の働きが関わっています。脳は作業によって使われる領域が異なります。たとえば、「新聞を読む」と「テレビを見る」は、共に言語情報を扱うため、2つを高精度でこなすのは難しいのです。

　しかし、「漢字を覚える」ことに関わる脳の領域と「おにぎりを食べる」ことに関わる脳の領域はあまり被らないのです。だから同時に行ってもあまり効率が下がりません。

　むしろ、脳の近い領域を使うマルチタスクは脳を非常に疲れさせますが、違う領域を使うマルチタスクであれば脳を活性化し、その能力を向上させてくれるのです。移動時間を有効活用する、アイデアを出すことを常に意識する、コピー機を動かしている間にメールをチェックする、会話をしながらメモを取ったり、相手の顔色を観察したりする……、このくらいであれば脳も活発に働いてくれます。

　そして、脳が疲れたときは、意識してぼーっとすることも大切です。脳に疲労がたまっては、1つの仕事にさえ力を発揮できなくなりますから。

27 川渡りパズル

相性の悪い人同士を2人きりにしない心遣い

難易度.....................中
論理力.....................＋試行錯誤力・積み上げ思考力
解法セオリー.........組み合わせ

A地点に、農民がいます。農民の所持品はオオカミ、ヤギ、キャベツです。対岸のB地点に進みたいのですが、小舟が1隻あるだけで、これで渡るしかありません。農民は小舟を漕ぐことができますが、一緒に乗せられるのは、オオカミ、ヤギ、キャベツのうち1つだけです。

厄介なことに、農民がいないところでオオカミとヤギを一緒にしてしまうと、オオカミはヤギを食べてしまいます。また、ヤギとキャベツを一緒にすると、ヤギはキャベツを食べてしまいます。オオカミ、ヤギ、キャベツを無事対岸のB地点まで運ぶにはどうすればいいでしょうか。

回 僧侶がつくった脳トレ

　このタイプの問題は、「川渡り問題」や「川渡りパズル」と呼ばれている非常に有名なものです。この、オオカミ、ヤギ、キャベツの問題は、8世紀に西洋の僧侶が若者の脳トレーニングのためにつくったといわれています。
　論理的に考える必要性は今も昔も変わらないということなのでしょう。
　川渡りパズルは、簡単なルールと想像力をかき立てる物語的な場面設定が魅力です。そのうえで、問題を解くためには高い論理性を必要とするので、論理力を高めるためのトレーニングにも向いています。その面白さからか、今日まで多くの人を楽しませ、さまざまなパターンの類似問題も生まれてきました。
　オオカミはヤギを食べ、ヤギはキャベツを食べるという、それぞれの関係を常に頭の中に置いて考えるというのがこの問題の大前提となるポイントです。また、頭の中で考える場合は、オオカミ、ヤギ、キャベツ、小舟が今どこにあるのかをしっかりと把握しながら動かしていく必要があり、記憶力も問われます。紙に書き出したほうが難易度は下がります。
　最初にオオカミ、ヤギ、キャベツのうちのどれを対岸に運ぶのが正解なのか、これを論理的に導き出すことができれば最初のステップはクリアです。
　あとはもう1つのポイントに気がつくことができるかどうか、です。

Train of Thought

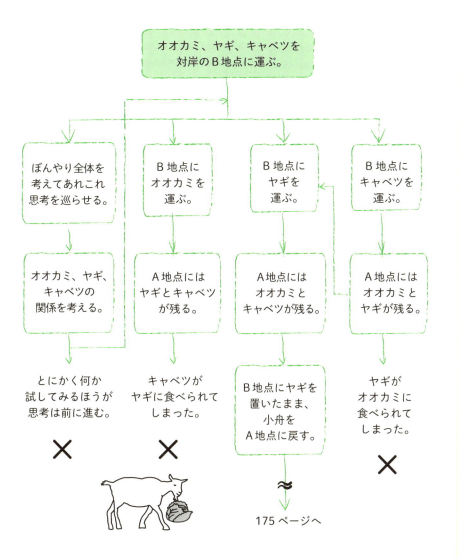

🔲 連れ戻すという選択肢を見つけられるか

　右ページのチャートにもあるように、正解にたどり着く道は2つあります。どちらも考え方はまったく同じです。

　オオカミはヤギを、ヤギはキャベツを食べてしまいます。ここで気がつくべき最初のポイントは、オオカミはキャベツを食べないという点です。オオカミ→ヤギ→キャベツと食べられてしまうと考えるよりも、オオカミ→ヤギ、ヤギ→キャベツと分けて考え、オオカミとキャベツに関係性はないという点に注目します。

　すると、オオカミとヤギ、ヤギとキャベツは一緒にしてはいけませんが、オオカミとキャベツは一緒にしてもまったく害はないとわかります。

　最初にヤギを運び、小舟をA地点に戻します。次にオオカミ（キャベツでもOK）を運びます。しかし、オオカミをB地点に置いて帰ろうとすると問題が発生します。

　このままA地点に戻ってしまうと、B地点に残されたオオカミはヤギを食べてしまいます。

　ここがこの問題の最も難しいポイントです。

　答えはB地点にオオカミを運んだ際にヤギを連れ戻すということなのですが、これに気がつかないと、何度も最初からやり直して、ヤギ→キャベツでもダメだし……と同じ思考のループからなかなか抜け出せなくなってしまいます。

　一度ヤギを連れ戻すことに気がつけばあとは簡単です。

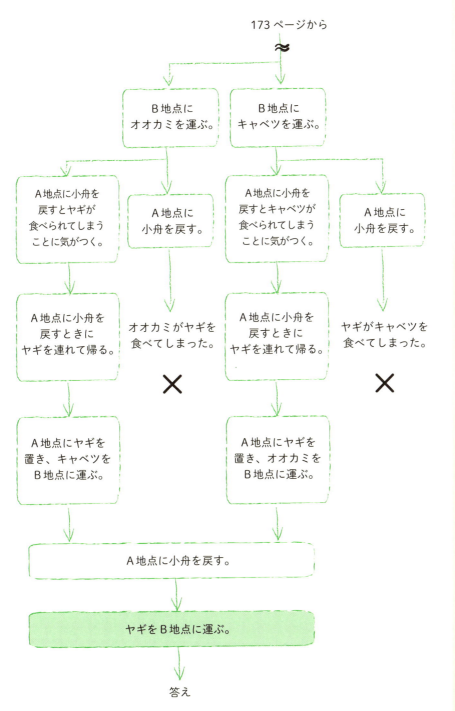

ちなみに、類似の問題として次のようなものがあります。

3組の夫婦

　夫は、パートナーのいない妻を襲います。つまり、A地点、B地点双方において、妻は夫というボディーガードがいないと他の夫に襲われてしまうのです。

宣教師3人と先住民3人

　どちらかの岸で、先住民の数が宣教師の数を上回ると、先住民が宣教師を襲います。

　どちらも、オオカミ、ヤギ、キャベツの問題よりも難易度が高く、面白い問題です。また、他にももっと難易度の高いパターンも存在します。
　人の脳はこういう入り組んだ問題を黙ってじっと考えていても、頭が混乱して思考が止まってしまったり、思考が同じところをぐるぐる回ったりして、考えが前に進まなくなるものです。
　チャートにあるように、1つ1つ試していくことで、正解にぐっと近づきます。ただ、「ヤギをB地点からA地点に連れ戻す」という点に気がつくことができないと、思考のループから抜け出すことはできません。

あとがき

◨ この本を1、2カ月後に読んでみよう

2部にわたってお伝えしてきましたが、論理的思考を少しずつ身近に、また自分のものとして感じられたでしょうか。

もし、あまりよく理解できなかったと思われたのなら、この本を本棚にしまっていただき、1～2カ月くらい放置してください。その間に脳内では自動的に情報をかみ砕いて、理解と整頓が行われ、一度処理が終了するでしょう。その後、再び開いていただければ、以前とは違った感覚で読むことができると思います。これは本書だけでなく、他のすべての本についても同じです。

ところで、本書のパズルを解きながら、算数や数学の勉強を思い浮かべることはありませんでしたか？ パズルを解くとき、算数や数学の知識を使う機会が数多くあります。ここで、算数（数学）とパズルの違いについて考えてみたいと思います。

◨ 算数嫌いのパズル好きたちの不思議

なぜ、算数嫌いがこんなにも多いのに、テレビ番組や雑誌などではパズルが娯楽として楽しまれているのでしょうか？

中高生に嫌いな科目を聞けば、今も昔も「算数・数学」が首位を獲得します。しかし、パズルとなると一転、娯楽となり、人々を楽しませることになります。算数とパズルの内容にそれほどの差があるでしょうか。

私もよく、算数的な問題をパズルとして扱うことがあります。たとえばこんな問題です。

あとがきパズル1

半径5cmの円に、正方形が接しています。正方形の面積は？

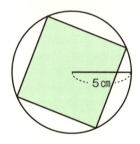

☞答えは181ページ

あとがきパズル2

上下のヨコ線は平行です。？の角度はいくつでしょうか？

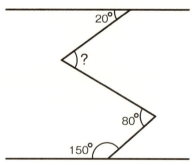

☞答えは181ページ

あとがきパズル3

？に入る絵はA〜Dのどれでしょうか？

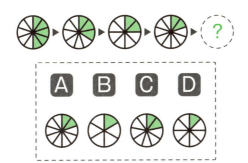

☞答えは181ページ

　いずれも算数の教科書に出てきてもおかしくない問題です。実際にこのようなパズルが掲載されている雑誌もあるでしょう。
　解き方もいかにも算数らしい解き方になっています。

少し視点を変えることで、世界は違って見える

　181ページの解説を読んでいただければわかりますが、いずれも、円の直径とひし形の面積や、角度と補助線だとか、分数といった、算数らしい用語が出てくるパズルです。これを算数の問題として考えると、学生時代の勉強を思い出してしまいそうです。
　しかし、これらのタイプの問題は、パズルの1つとして出題することが多々あります。そして、その問題は"娯楽"として楽しまれています。同じ問題であっても、どういう状態で、どういう気持ちで取

り組むかで、問題自体も変化して感じられます。

　おそらく、この差を生み出しているのは、次のようなものでしょう。

　算数は乗り越えなければいけない山であり、教科書の進み具合に伴って持って行くべき道具も決まっています。

　たとえば台形の公式だとか、2次方程式の解の公式だとかをリュックサックに詰め込んで上りはじめます。そして、その山を上ることができなければ悪い事としてとらえられ、成績となって目の前に現れます。

　一方のパズルは、山の高さは変わらなくても、挑戦するかどうかは解き手が決めることができます。また、持っていく道具は今までの知恵なので、特に準備をすることもありませんし、解けなくても何か不利益を被るわけでもありません。

　同じものを見て、解いていても、これだけ感じ方は異なるのです。

　日常の出来事も、ビジネスも、視点を変えるだけ、見せ方を変えるだけで勉強と娯楽、時にはそれ以上の差を生み出すことができるでしょう。同じ京都旅行でも、修学旅行か、家族旅行か、社員旅行か1人旅かでまったく違ったものになりますよね。

　身近な出来事も、そこから論理的に考えることで、新たな思考やひらめきを得ることができるでしょう。

　そのために必要なスキルは、論理的に考える力や8つの能力と7つの解法セオリーでご紹介したようなスキルです。それらをもとに常に世の中にアンテナを張ることで、さまざまな困難を打開することができると考えています。

　この本が、論理的思考を身につけるための1つの材料として役に立ったのであれば、著者としてこれ以上のことはありません。

☞パズルの解説　あとがきパズル1

　緑色の正方形をちょうどトランプのダイヤの角度になるように回転させてみてください。すると、円の直径と、正方形の対角線がぴったり重なっていることがよくわかります。

　これに気がつけば、10 × 10 ÷ 2 = 50 平方 cm² と計算できます。ひし形の面積の公式ですね。

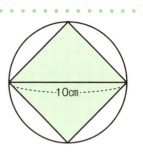

☞パズルの解説　あとがきパズル2

　補助線として上下の線と平行な線を2本書きます。すると、平行な2本の線とそこに交差した直線の関係から、いくつもの同じ角度が隠れていることに気がつくでしょう。

　丁寧に計算していくと、？の角度は、20 ＋（80 － 30）＝ 70 で 70°とわかります。

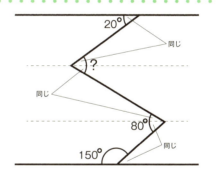

☞パズルの解説　あとがきパズル3

　関連性が見えそうで見えないように感じられるかもしれません。しかし、注意して分析してみると、左から2分の1、3分の1、4分の1、5分の1を表す絵になっていることが見えてきます。つまり、？には6分の1を表す絵を入れればいいので、Bが正解となります。

[著者プロフィール]
北村良子（きたむらりょうこ）

1978年生まれ。有限会社イーソフィア代表。パズルを解くのが趣味だったことから、次第にパズルをつくるようになり、パズル作家となる。現在は、企業のキャンペーン、書籍や雑誌、新聞、TV番組に向けたパズルを作成している。娯楽としての側面ばかりが注目されがちなパズルだが、じつは日常やビジネス上の問題と地続きであること、パズル作家だからこそ知っている問題への向き合い方を本書で伝えている。

著書にベストセラーとなった『論理的思考力を鍛える33の思考実験』（彩図社）ほか、『論理的思考力が6時間で身につく本』（大和出版）など多数。

【運営サイト】
「IQ脳.net」http://iqno.net/
「老年若脳」http://magald.com/

論理的な人の27の思考回路

2018年4月1日　初版発行

著　者　北村良子
発行者　太田　宏
発行所　フォレスト出版株式会社
　　　　〒162-0824　東京都新宿区揚場町2-18　白宝ビル5F
　　　　電話　03-5229-5750（営業）
　　　　　　　03-5229-5757（編集）
　　　　URL　http://www.forestpub.co.jp

印刷・製本　日経印刷株式会社

©Ryoko Kitamura 2018
ISBN978-4-89451-796-7　Printed in Japan
乱丁・落丁本はお取り替えいたします。

論理的な人の 27 の思考回路

本書の読者限定!
おまけパズル数問を無料プレゼント!

たとえば、こんな難問とその解説もあります!

ここに天秤があります。100グラムまでの重さを計れるようにおもりを用意したいのですが、なるべく少ないおもりの数で間に合わせたいと思っています。必要なおもりの数と、それぞれの重さを答えてください。
ただし、おもりの重さは整数(g)とします。

無料プレゼントを入手するには
コチラへアクセスしてください

http://frstp.jp/27kairo

※PDFファイルはウェブサイトからダウンロードしていただくものであり、小冊子をお送りするものではありません。

※無料プレゼントのご提供は予告なく終了となる場合がございます。あらかじめご了承ください。